Das Buch des Glücks

Papus

Das Buch des Glücks

Ein praktisches Handbuch
zur Ermittlung und Unterstützung
der individuellen Lebensschancen

edition Tramontane

Titel der französischen Originalausgabe:
Le Livre de la Chance

1. Auflage 1989

Printed in Germany

ISBN 3-925828-13-3

Inhalt

Einleitung

Als erstes ist die folgende Frage zu beantworten:

Haben Sie Glück?

Wenn Sie kein Glück haben, müssen Sie sich fragen, ob dies den Tatsachen entspricht oder ob Sie dies nur glauben, während es sich in Wirklichkeit ganz anders verhält.

Wenn Sie aber Glück haben – nichts einfacher als das, denn dann brauchen Sie es nur zu bewahren. Diese Frage wird im letzten Teil dieses Büchleins behandelt.

Wenn Sie kein Glück haben, müssen Sie sich zuallererst fragen, aufgrund welcher Anzeichen Sie zu dieser Einschätzung kommen.

In den meisten Fällen vergleicht man sich nämlich mit einem Freund oder einer Freundin, die in dieser Hinsicht besonders begünstigt sind, und man glaubt, selbst kein Glück zu haben, weil man ein fast unerreichbares Ideal erstrebt. Wenn man darüber nachdenkt und sich mit Menschen vergleicht, die tatsächlich leiden, wird man feststellen, daß man weitaus mehr Glück als jene hat.

Doch gestehen wir zu, daß es Fälle von echtem Unglück wirklich gibt. Selbst die einfachsten Unternehmungen haben keinen Erfolg. Nicht nur, daß Sie kein persönliches Glück haben – auch alle, die mit Ihnen in Berührung kommen, büßen augenblicklich Ihre Chancen ein.

Dann ist eine wirkliche Untersuchung durchzuführen, um die möglichen Ursachen für ein solches »Pech« zu entdecken, wie man es gemeinhin nennt. Dabei ist zu suchen nach

den physischen Ursachen;
den astralen Ursachen: schwaches Fluidum, Stand der Gestirne bei der Geburt, physiognomische Merkmale usw.

den geistigen Ursachen: Angewohnheit der üblen Nachrede, der Verleumdung, Haß oder Neid, mangelndes Mitgefühl usw.

Auf den folgenden Seiten wird eine Lösung dieser unterschiedlichen Probleme angeboten.

★

Das Glück ein magisches Wort, das selbst die skeptischsten Geister zu beeindrucken vermag! Es gibt Menschen, die weder an Gott noch an den Teufel, wohl aber fest an das Glück und die Chancen glauben und ebenso an das Unglück und die Pechsträhnen.

Denn das Glück gibt es tatsächlich: Wir können es sogar festhalten, wenn es uns flieht, es herbeiholen, wenn es sich entfernt, und feststellen, wann es sich nähert! Wie das möglich ist, wird der Leser erfahren.

Anstelle von mehr oder weniger klaren Voraussagen, von mehr oder weniger vagen psychischen Auskünften werden wir gleichzeitig praktische und fundierte Anleitungen weitergeben.

Die menschliche Willenskraft ist nur einer der drei Faktoren, die eine entscheidende Rolle dabei spielen, das Glück festzuhalten oder es zurückzuholen.

Die Vorsehung und das Schicksal stellen die beiden anderen Handlungselemente dar, die wir untersuchen und tiefer ergründen müssen.

Wenn die menschliche Willenskraft es ermöglicht, die Sympathie oder Antipathie der Menschen zu verändern und als Folge davon eine erhebliche Rolle bei der Fortdauer einer Glücksphase spielt, ermöglicht es die Kenntnis der geheimen Verbindungen, der Edelsteine, der Pflanzen und Naturkräfte, die Steigerung des normalen individuellen Glücks zu lenken und vorauszuplanen.

Die Kenntnis der Realität, der Ausdehnung von moralischen Handlungen und der Anrufung des göttlichen Plans durch bestimmte Gebete ermöglichen es schließlich außerdem, das Glück wiederherzustellen und die Ursachen herauszufinden, weshalb es einem Menschen oder einer Familie oder manchmal sogar einem ganzen Volk daran mangelt.

Das Glück ist damit eine wirkliche Lebensfrage, die jede von geheimnisvollen Dingen angezogene Seele ebenso interessieren wird wie jeden Verstandesmenschen, der den Ursprung der irdischen Kräfte begreifen will. Mit den wesentlichen Bestandteilen dieses Problems werden wir uns in dieser kleinen Schrift beschäftigen.

Erster Teil

Wie das Glück für jeden zu bestimmen ist

Die Natur hat uns mit vielfältigen Zeichen ausgestattet, die unseren Platz in der Hierarchie der Menschen anzeigen.

Ebenso aber, wie lange Jahre des Studiums dafür erforderlich gewesen sind, eine klare Zuordnung der Zeichen vorzunehmen, durch die sich der genaue Platz einer jeden Pflanze und jeden Tieres bestimmen läßt, wird auch die Erstellung einer vergleichbaren Studie über den Menschen recht viel Zeit benötigen. Doch schon unsere kleinsten Gesten, unsere Handlinien, unsere Handschrift, unsere persönlichen Geburtsdaten und die geheimnisvollen Figuren des Tarot sind Möglichkeiten, die Einflüsse zu bestimmen, denen wir unterworfen sind, und demnach auch unsere mehr oder weniger großen Glückschancen.

Mit diesen Grundthemen wird sich der erste Teil des Buches beschäftigen.

Die Bestimmung des Glückshoroskops

Der moderne Mensch betrachtet sich im allgemeinen als unabhängig von der übrigen Natur, oder vielmehr macht er sich aufgrund seiner Unkenntnis astronomischer Gesetze kaum Gedanken über die äußere Welt. Es ist daher ganz richtig, wenn ein Erdrutsch, ein Vulkanausbruch oder ein Erdbeben manche Menschen dazu veranlaßt, einige Überlegungen über die kosmischen Kräfte anzustellen.

Im Unterschied dazu haben die alten Völker den himmlischen Phänomenen eine sehr große Bedeutung beigemessen, und die Wissenschaft von der Sternenwelt oder Astrologie wurde in Lehrformen jeden Grades studiert, angefangen von regionalen Grundschulen bis hin zu ägyptischen Fakultäten, die eifersüchtig über ihre Initiation wachten.

Die Astrologie kann heute noch als die Physiologie der Gestirne betrachtet werden, während es sich bei der Astronomie nur um deren Anatomie handelt. Von den Lehren der alten Geheimwissenschaften über das Glück wird man nichts verstehen können, wenn man nicht wenigstens Grundkenntnisse der Astrologie besitzt, die zum gegenwärtigen Zeitpunkt durch astronomische Begriffe ergänzt werden müssen.

Wir wollen zuerst von der Einteilung der Zeit sprechen.

Die Erde dreht sich in 24 Stunden um sich selbst, das heißt, daß ein bestimmter Punkt der Erde, beispielsweise Paris, sich nacheinander an einer Reihe von Himmelspunkten zeigt. Für den Astrologen stellt jede Begegnung zwischen einem Erdpunkt und einem Himmelspunkt nicht einen elektrischen, wohl aber einen »astralen Stromkontakt« dar, der eine besondere Bedeutung hat.

Die Zeit, welche die Erde benötigt, sich einmal um sich selbst zu drehen, ist in 24 Abschnitte unterteilt worden, und diese bilden unsere Stunden. Je nachdem, ob sich die Erde im Sonnenlicht oder im Schattenkegel befindet, gibt es Tagesstunden und Schatten- oder Nachtstunden, die je nach Lage der verschiedenen Länder variieren. Zusammengefaßt läßt sich sagen, daß die Umdrehung der Erde um sich selbst die Stunden festsetzt.

Um die Erde bewegt sich ein Trabant: der Mond. Für eine vollständige Umdrehung braucht der Mond, in glatten Zahlen ausgedrückt, 28 Tage. Diese Spanne von einem Neumond zum nächsten ist der Mondmonat, der von vielen östlichen Völkern als Zeiteinteilung übernommen worden ist.

Während dieser 28 Tage verändert der Mond jedoch viermal sein Aussehen. Daher unterscheiden wir den Neumond, erstes Mondviertel, Vollmond und letztes Mondviertel. Jeder dieser Aspekte dauert sieben Tage und bildet eine Woche. Jeder Tag dieser Woche hat einen Namen erhalten, der von den sieben Planeten der alten Astrologie abgeleitet ist.

Demnach ist
der Montag der Tag des Mondes
der Dienstag der Tag des Mars
der Mittwoch der Tag des Merkur
der Donnerstag der Tag des Jupiter
der Freitag der Tag der Venus
der Samstag der Tag des Saturn
der Sonntag der Tag der Sonne oder des Herrn.

Wenn man die Sonne als Mittelpunkt unseres Systems nimmt und mit dem am weitesten von der Sonne entfernten Planeten beginnt, ergibt sich die folgende Reihenfolge: Saturn, Jupiter, Mars, Erde, Venus, Merkur, Sonne. Wenn man bei einer rein äußeren Betrachtungsweise die Erde jedoch als Mittelpunkt der Welt ansieht, ist die Reihenfolge der Planeten diese: Saturn, Jupiter, Mars, Sonne, Venus, Merkur, Mond. Diese Anordnung wird von den Astrologiebüchern befolgt.

Die folgende Abbildung stellt zunächst die Planeten in

ihrer astrologischen Reihenfolge dar. Die sie verbindenden Linien zeigen die Aufeinanderfolge der Wochentage an.

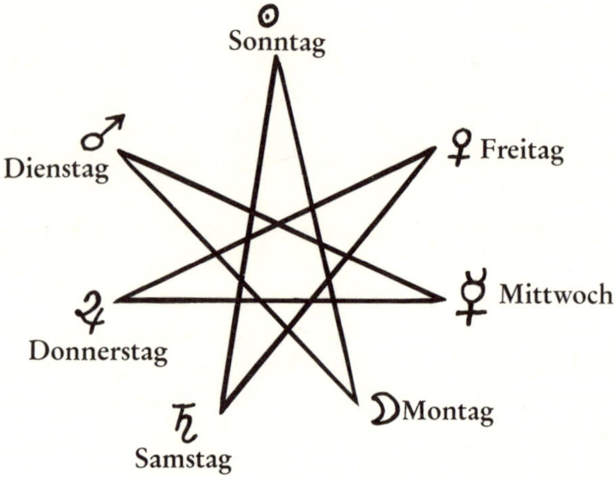

Wenn der Mond für eine Umdrehung um die Erde 28 Tage braucht, so dauert die volle Umlaufzeit der Sonne 365 Tage. Während dieser 365 Tage durchläuft die Sonne am Himmel einen Kreis. Diesen hat man in 12 Abschnitte eingeteilt und jedem davon einen besonderen Namen gegeben. So sind die 12 Zeichen des Tierkreises entstanden.

In unserem heutigen Kalender sind die Mondmonate nur noch durch die Aspekte des Mondes (wie Neumond oder Vollmond) angegeben. Die gewählte Einteilung in Monate folgt den Sonnenmonaten, die dadurch entstehen, daß die 365 Tage in Zeiträume von 30 oder 31 Tagen gegliedert werden, wobei der Monat Februar als Ausnahme normalerweise 28 Tage und alle 4 Jahre 29 Tage hat. Dadurch werden Zeitabschnitte gewählt, die genau den Lauf der Sonne beschreiben.

Der Tag der Geburt und das Glück

Der Wochentag, an dem Sie geboren sind, ist eines der wichtigsten Elemente für die Bestimmung Ihrer Glückschancen. Dafür müssen Sie wissen, an welchem Tag Sie geboren sind, was Ihnen der folgende Kalender ermöglicht.

Der Immerwährende Kalender

Es gibt eine ganze Anzahl von Methoden, nach denen ermittelt werden kann, welcher Wochentag diesem oder jenem Datum entspricht. In der Regel sind diese Methoden recht kompliziert. Wir können unseren Lesern hier ein verhältnismäßig recht einfaches Verfahren anbieten, das wir Ch. Bussy verdanken.

Für die praktische Durchführung ist kaum Mühe erforderlich. Sie sehen in der Abbildung vier Tabellen, die das Jahrhundert, das Jahr des Jahrhunderts, den Monat und das Tagesdatum des Monats enthalten. Rechts daneben ist jeweils eine Zahl angegeben. Will man den Wochentag herausfinden, der einem bestimmten Datum entspricht, so muß man dafür lediglich die vier Zahlen addieren, die jeweils neben dem betreffenden Jahrhundert, dem Jahr, dem Monat und schließlich neben dem Monatstag stehen. Wenn man beispielsweise ermitteln will, auf welchen Wochentag der 14. Juli 1789 fiel, so findet man neben dem Wochentag 14 die Zahl 3, neben dem Monat Juli die Zahl 6, neben dem Jahr 89 die Zahl 5 und neben dem 18. Jahrhundert die Zahl 5. Die Gesamtsumme aus diesen vier Ziffern ergibt 19.

In einer letzten Übersichtstabelle sieht man neben jedem Wochentag eine gewisse Aufeinanderfolge von Zahlen. Die Zahl 19, die wir ermittelt haben, befindet sich gegenüber dem »Dienstag«. Demnach ist der 14. Juli 1789 auf einen Dienstag gefallen.

Jahrhunderte

1.	5
2.	6
3.	0
4.	1
5.	2
6.	3
7.	4
8.	5
9.	6
10.	0
11.	1
12.	2
13.	3
14.	4
16.	5
bis zum 4. Oktober 1582	2
17.	3
18.	5
19.	0
20.	2

Jahre

01	29	57	85	3
02	30	58	86	2
03	31	59	87	1
04	32	60	88	6
05	33	61	89	5
06	34	62	90	4
07	35	63	91	3
08	36	64	92	1
09	37	65	93	0
10	38	66	94	6
11	39	67	95	5
12	40	68	96	3
13	41	69	97	2
14	42	70	98	1
15	43	71	99	0
16	44	72	100	5
17	45	73		4
18	46	74		3
19	47	75		2
20	48	76		0
21	49	77		6
22	50	78		5
23	51	79		4
24	52	80		2
25	53	81		1
26	54	82		0
27	55	83		6
28	56	84		4
Ausnahme: 1700, 1800,1900 anstelle von 5				6

Monate

Januar	5
unterstrichene Schaltjahre	6
Februar	2
unterstrichene Schaltjahre	3
März	2
April	6
Mai	4
Juni	1
Juli	6
August	1
September	0
Oktober	5
November	2
Dezember	0

Tage

1	2	17	0
2	1	18	6
3	0	19	5
4	6	20	4
5	5	21	3
6	4	22	2
7	3	23	1
8	2	24	0
9	1	25	6
10	0	26	5
11	6	27	4
12	5	28	3
13	4	29	2
14	3	30	1
15	2	31	0
16	1		

	7	14	21	**Sonntag**
1	8	15	22	**Samstag**
2	9	16	23	**Freitag**
3	10	17	24	**Donnerstag**
4	11	18		**Mittwoch**
5	12	19		**Dienstag**
6	13	20		**Montag**

Die Glückszahl

Jeder Mensch besitzt eine charakteristische Zahl, die ihm den Schlüssel seiner Glücksformel oder die Gründe für ein bestimmtes Mißgeschick gibt. Daher haben manche Leser sicher bereits bemerkt, daß die wichtigsten Handlungen in ihrem Leben immer von einer bestimmten Zahl begleitet gewesen sind, und genau diese Zahl ist ein charakteristisches Kennzeichen für die betreffende Person. Es mag jedoch andere Leser geben, die jedem »Aberglauben« prinzipiell feindlich gegenüberstehen oder anderweitig zu sehr beschäftigt sind, als daß sie solche Dinge hätten wahrnehmen können.

Wie kann man in diesem Fall seine charakteristische Zahl herausfinden?

Zuerst muß man sorgfältig das Geburtsdatum aufschreiben und vor allem auf den Monatstag achten. In vielen Fällen wird eine Person, die an einem 13. geboren ist, diese Zahl auch als Glückszahl in ihrem Leben haben.

Dann muß man auch die wirklich wichtigen Ereignisse im Leben notieren und ihr Datum mit dem Monatstag des Geburtsdatums vergleichen.

Wenn diese Mittel kein klares Ergebnis bringen, zieht man das Alphabet mit seinen Zahlenbeziehungen heran und ersetzt die Buchstaben des Familiennamens und aller Vornamen durch die entsprechende Ziffer, addiert alles und teilt die Endsumme durch 9. Die übrigbleibende Ziffer entspricht der *kabbalistischen Zahl.*

Ebenso ist der Wochentag, auf den die Geburt fällt, ein nützlicher Leitfaden für die Bestimmung des beherrschenden planetarischen Einflusses.

Wer am Montag geboren ist, wird vom Mond beeinflußt;
am Dienstag von Mars;
am Mittwoch von Merkur;

am Donnerstag von Jupiter;
am Freitag von Venus;
am Samstag von Saturn;
am Sonntag von der Sonne.

Wenn Sie sich den Wochentag einprägen, auf den Ihre Geburt fällt, werden Sie sehr nützliche Hinweise auf die Feststellung Ihrer Glückszahl erhalten.

Der planetarische Einfluß des Geburtsdatums

Als nächstes können Sie den Planeten bestimmen, der über Ihren Geburtstag herrscht.

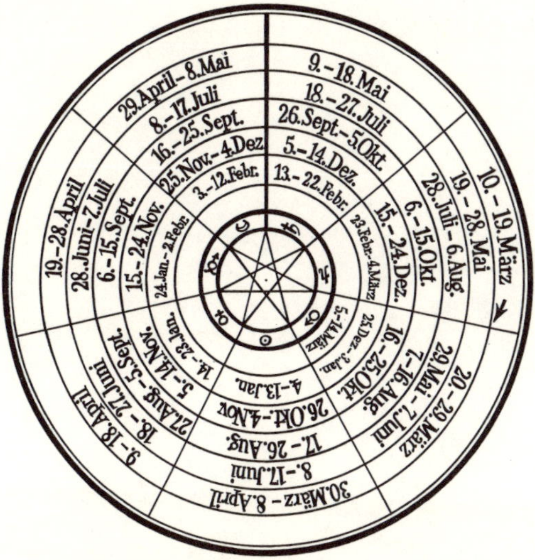

Übersicht über die planetarischen Einflüsse

Suchen Sie dafür in der obenstehenden Abbildung den Planeten, der über den betreffenden Monatsabschnitt herrscht, in den Ihr Geburtstag fällt.

Wenn Sie also am 10. Juli geboren sind, ist es der Mond, der vom 8. bis 17. Juli herrscht. Sind Sie am 10. Oktober geboren, ist es Jupiter, der vom 6. bis 15. Oktober herrscht usw.

Denken Sie daran, wenn Sie dann das Sternzeichen bei Ihrer Geburt suchen, daß die Zeichen des Tierkreises immer vom 21. eines Monats bis zum 21. des folgenden Monats gehen, oder vereinfacht vom 20. bis zum nächsten 20., und daß der Widder vom 20. März bis zum 20. April dabei den Anfang macht.

WIE MAN DAS GEBURTSHOROSKOP STELLT ODER DER SONNENEINFLUSS AUFGRUND DER GEBURTSZEIT

Da wir die wichtigsten, allgemeinsten und natürlichsten Regeln der Astrologie weitergeben wollen, die leicht zu erkennen und zu verifizieren sind, werden wir zuerst darlegen, welche allgemeinen Richtlinien für das Geburtsdatum gültig sind und welchen Einfluß die Sonne im Augenblick der Geburt auf das Schicksal nimmt.

In jedem Monat, das heißt, in jedem der 12 Zeichen des Tierkreises, durchläuft die Sonne drei Phasen und wirkt — wie alle anderen Planeten auch — nach diesen Unterteilungen, von denen jede eine unterschiedliche Bedeutung hat. Jedes Zeichen des Tierkreises, jeder Monat oder jedes Haus der Sonne, ist in 30 Grad unterteilt. Die ersten 10 Grad bilden die erste Phase, bis zum 20. Grad die zweite Phase und die restlichen die dritte Phase. Diese Aufteilung gilt für jedes Zeichen des Tierkreises oder jeden Sonnenmonat.

Die Sonne im Zeichen Widder
(Aries, ab 22. März)

Das erste der 12 Zeichen des Tierkreises oder der Sonnenhäuser ist das Zeichen des Widders, lateinisch *Aries*, das am 22. März eines jeden Jahres beginnt.

In den ersten Graden oder Tagen dieses Zeichens haben die Kinder im allgemeinen rötliche Haare, sind zartgliedrig und schlank bis mager. Sie haben viele Freunde, sind Feinde des Bösen, lieben die Gerechtigkeit und das Gute. Sie können anderen gute Ratschläge geben.

In den zehn folgenden Graden, das heißt, vom 10. bis zum 20. Tag nach dem 22. März, läßt die Sonne die Kinder schwarzhaarig auf die Welt kommen; dies ist jedoch kein negatives Merkmal, sondern ein Hinweis auf Schönheit, gute Umgangsformen und Ehrlichkeit. Das Kind ist mißtrauisch, cholerisch, listig, mutig und bis zu seinem Tode von Feinden umgeben.

In den zehn letzten Graden, das heißt, vom 12. bis 22. April, sind die Kinder rothaarig und gelbhäutig. Sie lieben die Einsamkeit und denken nur an Hinterhalt und Täuschung.

Die Sonne im Zeichen Stier
(Taurus, ab 22. April)

Das Kind, das in den ersten zehn Tagen des Stiers geboren wird, ist gewissenhaft und flink, hat große Augen und volle Lippen, liebt Vergnügen und Zeitvertreib.

In der zweiten Phase hat es eine übermäßige Vergnügungssucht, die jedoch geringer als in der vorangegangenen Phase ist. Trotzdem ist es unbeständig.

In der dritten Phase ist das Kind gefühlskalt, weil es auch dem Einfluß von Saturn unterworfen ist, dessen Konjunktion sich in dieser Hinsicht ungünstig auswirkt.

Die Sonne im Zeichen Zwilling
(Gemini, ab 22. Mai)

Wenn jemand im ersten Abschnitt der Zwillinge geboren wird, das heißt, in den zehn Tagen, die auf den 22. Mai folgen, wird er von mittlerer Statur sein und einen wohlgeformten Körper haben. Er ist sanft, friedfertig und fleißig, doch die Frauen werden ihn unglücklich machen.

Kinder des zweiten Abschnitts werden von kleinerer Statur sein. Sie sind streitlustig, dabei aber sehr redegewandt.

In der abnehmenden Phase, das heißt, in den letzten zehn Tagen der Zwillinge, läßt die Sonne die Kinder kräftig und wohlproportioniert werden. Sie sind jedoch geschwätzig und säen gern Zwietracht.

Die Sonne im Zeichen Krebs
(Cancer, ab 22. Juni)

Der in der ersten Phase des Krebses Geborene, das heißt, zwischen dem 22. Juni und dem 2. Juli, hat einen wohlgebauten Körper, schöne Haare und eng zusammengewachsene Augenbrauen. Er ist geistvoll und klug und wird viele Freunde haben.

Der in der zweiten Phase Geborene ist rothaarig, von kleiner Statur und hat, wenn er ein Mann ist, nur schwachen Bartwuchs.

Die in den letzten zehn Tagen des Krebses Geborenen sind unter dem Einfluß der Sonne dick und schwerfällig, haben buschige Augenbrauen und ein aufgeschwollenes Gesicht.

Die Sonne im Zeichen Löwe
(Leo, ab 22. Juli)

In der ersten Phase des Löwen, die vom 22. Juli bis 2. August dauert, gibt die Sonne dem Menschen einen schönen Körper, eine Hautfarbe, bei der sich Rot mit Weiß mischt, eine aufrechte Körperhaltung und kranke Füße. Er ist wegen seiner Heldentaten berühmt und wird von den Königen und Fürsten dieser Erde geliebt.

In der zweiten Phase hat der Mensch einen großen Magen und lange, dünne Glieder. Er ist vorsichtig und wohlangesehen.

Der in den letzten zehn Tagen Geborene ist von kleiner Statur. Seine Haut ist rosig, mit Weiß vermischt, und er ist kränklich. Er liebt die Frauen und verschwiegene Häuser.

Die Sonne in der Jungfrau
(Virgo, ab 22. August)

Das Zeichen Jungfrau im ersten Abschnitt der Sonne gibt dem Menschen eine annehmbare Statur und eine gute Figur, dichtes, krauses Haar, eine laute und wohlklingende Stimme. Er ist scharfsinnig und gebildet, doch unfähig, sich fortzupflanzen.

In der zweiten Phase hat er ein gutes Aussehen, kleine Augen und eine schöne Nase. Er ist religiös veranlagt, gutherzig, gebildet, liebt die Wahrheit und den Ruhm.

Im dritten Abschnitt ist er gutaussehend, ungekünstelt, leicht zu belehren, anpassungsfähig. Er besitzt einen gesunden Menschenverstand, Vorsicht und Herzensgüte.

Die Sonne im Zeichen Waage
(Libra, ab 22. September)

Im ersten Abschnitt des Zeichens Waage, das heißt, in den zehn Tagen nach dem 22. September, läßt die Sonne ein wohlgeformtes, schlichtes, fleißiges, friedliches, bescheidenes und besonnenes Kind auf die Welt kommen. In manchen Fällen wird es eine Kopfverletzung erleiden.

In der zweiten Phase wird das Kind ebenfalls wohlgeformt sein. Es kann jedoch triefäugig sein, das Augenlid wird die Pupille verdecken, und es wird die Augen halb zukneifen.

In den letzten zehn Tagen dieses Sternzeichens ist das Kind durch den Sonneneinfluß bei der Geburt schön und angesehen. Ehrenvolle Aufgaben sind ihm bestimmt, doch im Alter wird es Rückschläge erfahren.

Die Sonne im Zeichen Skorpion (Scorpio, ab 22. Oktober)

In den ersten zehn Tagen dieses Sternzeichens läßt die Sonne den Menschen difformiert erscheinen. Er erzählt gern fröhliche Geschichten, ist jedoch trotzdem verschwiegen.

Der in der zweiten Phase Geborene wird einen großen Kopf haben und gern viel reden.

In der dritten Phase wird er von kleiner Statur sein, einen listigen Augenausdruck haben, gern viel essen und verrufene Häuser aufsuchen.

Die Sonne im Zeichen Schütze (Sagittarius, ab 22. November)

In der ersten Phase des Schützen, das heißt, vom 22. November bis zum 2. Dezember, hat der Mensch durch den Sonneneinfluß ein gutes Aussehen und ist von großer Statur. Er beschäftigt sich gern mit positiven Dingen.

In der zweiten Phase ist er von mittlerer Statur, hat gute Augen und weit auseinanderstehende Augenbrauen.

In den letzten zehn Tagen ist er hochgewachsen, gutaussehend und hat einen großen Magen.

Die Sonne im Zeichen Steinbock
(Capricornus, ab 22. September)

In den ersten zehn Tagen des Steinbocks ist der Betreffende unter dem Einfluß der Sonne von annehmbarer Statur und hat einen breiten Brustkasten. Er ist zartbesaitet, feinsinnig und boshaft.

Die zweite Phase gibt ihm ein gutes Aussehen. Ist er nachts geboren, hat er lange Nasenlöcher, einen spitzfindigen Verstand und neigt zur Bosheit.

Der in der dritten Phase Geborene wird körperlich sehr wohlgeformt sein, eine gelbe Gesichtsfarbe haben, leicht in Zorn geraten und bei den Frauen beliebt sein.

Die Sonne im Zeichen Wassermann
(Aquarius, ab 22. Januar)

Im ersten Abschnitt, das heißt, in den ersten zehn Tagen des Wassermanns gibt die Sonne dem Menschen einen schönen Körper und ein schönes Gesicht. Er ist sanft und gütig in seinen Worten und sehr umgänglich.

In der zweiten Phase ist er groß, von rötlicher Gesichtsfarbe und großen Widrigkeiten ausgesetzt.

In den letzten zehn Tagen, das heißt, vom 12. bis 22. Februar, ist er klein von Statur, hat eine blühende Gesichtsfarbe und liebt die Frauen. Alle Vorzüge des Körpers und des Geistes werden ihm zuteil.

Die Sonne im Zeichen Fische
(Pisces, ab 22. Februar)

Die Sonne im ersten Abschnitt der Fische gibt dem Menschen einen schlaffen und weißen Körper, kräftigen Bartwuchs, eine hohe Stirn, reine Haut und offene Augen. Außerdem ist er ehrlich und anständig.

Der in der zweiten Phase Geborene wird von kleiner Statur sein, dichtbehaart, leichtsinnig und fröhlich.

Der in den letzten zehn Tagen der Fische Geborene wird schöne Gliedmaßen haben, eine wohlklingende Stimme und rechtschaffen sein.

★★★

Es gibt auch noch andere allgemeine Merkmale für die verschiedenen Monate oder Häuser der Sonne. Beispielsweise sind die roten Flecken, die Schwerhörigkeit, das Stottern, Kahlköpfigkeit und ein schwacher Bartwuchs jenen gemeinsam, die in den Zeichen Widder, Krebs, Skorpion, Steinbock und Fische geboren sind.

Die Zeichen, die Sittsamkeit der Frauen, Religiosität und Herzensgüte anzeigen, sind Stier, Löwe und Wassermann.

Die Zeichen von Zorn und Verbitterung sind Widder, Löwe und Skorpion.

Die Zeichen, welche eine kräftige Stimme anzeigen, sind Zwillinge, Jungfrau und Waage. Das Gegenteil ist der Fall bei Krebs, Skorpion und Fische.

Man sieht, daß es ziemlich prägnante Unterschiede zwischen den einzelnen Phasen eines Sternzeichens gibt: Die am Anfang Geborenen können klein sein, während die in der letzten Phase Geborenen kräftig sind.

Löwe, Jungfrau und Schütze nehmen einen aufsteigenden Verlauf, während Fische, Krebs und Steinbock abnehmen. Der Anfang in den Zeichen Widder, Löwe und Stier läßt den Körper dazu neigen, dick zu werden und sich zu kräftigen, während am Ende derselben Zeichen eine Neigung zu Magerkeit und Schwäche besteht.

Zwillinge, Skorpion und Schütze neigen in ihren ersten Graden ebenfalls zu Magerkeit und Kraftlosigkeit, am Ende jedoch zu Korpulenz und Stärke.

Sternzeichen			
FEUER	LUFT	WASSER	ERDE
Widder	Zwillinge	Krebs	Stier
Löwe	Waage	Skorpion	Jungfrau
Schütze	Wassermann	Fische	Steinbock

Die anderen Zeichen besitzen eine etwa gleichverteilte Energie, und der Mensch, der sich unter ihrem Einfluß entwickelt, wird insgesamt recht wohlproportioniert sein.

★

Man hat auch festgestellt, daß die am Tag Geborenen schöner als die in der Nacht Geborenen sind. Das kommt daher, weil die Nacht die Planeten in ihren schädlichen Einflüssen begünstigt.

Die Planeten, welche Reichtum bringen, sind Jupiter, Sonne und Venus. Die Sonne schenkt außerdem auch Klugheit, Merkur Beredsamkeit, die Venus eine schöne und sanfte Sprache.

Die Sternzeichen werden in vier Gruppen unterteilt:

drei im Osten, drei im Süden, drei im Westen und drei im Norden.

Der Widder ist im Zentrum des Ostens, links von ihm ist der Löwe und rechts der Schütze.

Der Steinbock ist im Zentrum des Südens, links von ihm ist der Stier und rechts die Jungfrau.

Die Waage ist im Zentrum des Westens, links von ihm ist der Wassermann, rechts sind die Zwillinge.

Der Krebs ist im Zentrum des Nordens, links von ihm ist der Skorpion, rechts sind schließlich die Fische.

Diese Anordnung des Himmels, die von den Astrologen vorgenommen wird, um das Horoskop zu stellen, das Schicksal zu deuten und praktische Ratschläge zu den Handlungen im Leben zu geben, hat eine besondere Bedeutung, über die wir hier berichten, weil sie dem Leser Lust darauf machen wird, die Geheimnisse dieser Wissenschaft mehr als vorher zu erforschen.

»Wenn du wissen willst«, sagte ein Italiener zu Catharina von Medici, »was du tun mußt, dann betrachte die Gestirne: Wenn die Sonne in den Zeichen des Ostens steht, wirst du in deiner Familie Glück und Erfolg haben und ohne

Sternzeichen	
WARME	KALTE
Widder *trocken*	Stier *trocken*
Zwillinge *feucht*	Krebs *feucht*
Löwe *trocken*	Jungfrau *trocken*
Waage *feucht*	Skorpion *feucht*
Schütze *trocken*	Steinbock *trocken*
Wassermann *feucht*	Fische *feucht*

Schmerzen leben. Dein Schlaf wird leicht sein, wenn du dich gen Osten wendest, wenn du alle deine Handlungen in diese Richtung lenkst«.

Auch wenn wir Erfolg haben wollen, wenn wir mit etwas beginnen, wenn wir eine Sache kaufen oder verkaufen, wenn wir uns Ehre oder Gewinn erhoffen, sollten wir auf die Zeichen achten und jene meiden, deren Konjunktion ungünstig ist.

An diesen Dingen ist nichts Erschreckendes. Auch die Seeleute auf den fernen Meeren befragten die Sterne, und zwar nicht nur, um die Route ihrer Schiffe zu bestimmen, sondern auch, um die Stürme und Unwetter auf allen Breiten vorhersagen zu können. Gott hat die Welten in Einklang gebracht, und es gibt auf unserem Planeten keinen einzigen Grashalm, der nicht seine Daseinsberechtigung hätte, keine Linie in unserer Hand, die nicht etwas bedeuten würde, kein Vorkommnis in unserem Leben, das nicht seine Ursache und seine Wirkung hätte.

Das, lieber Leser, wird Ihnen hier reichlich angeboten, wenn auch in knapper Zusammenfassung. Wir wollen hier innehalten, denn wenn wir weiter in der Astrologie fortschreiten, fehlen die Gewißheit und fundierte Begründungen. Das Gesagte sollte jedoch nicht ignoriert werden, auch wenn man erst darauf vertrauen kann, wenn man es selbst nachgeprüft und bestätigt gefunden hat. Wir legen es dem Leser ans Herz, keine übereilten Schlüsse zu ziehen. Vor allem sollte er keine Mutmaßungen anstellen, ohne alle Zeichen bei der Geburt eines Kindes genau überprüft zu haben.

So kann es vorkommen, daß ein Mensch, der im Zeichen Widder geboren ist, sehr stark dazu neigt, in Zorn zu geraten. Er wird sich jedoch bezähmen, wenn er daran denkt, wie beschämend sich dieses Übel auswirken kann. Man muß daher seine Beurteilung mildern, bis man alles sorgfältig erwogen hat. Wenn man sich anders verhält, ist mit Sicherheit anzunehmen, daß man keine richtigen Voraussagen machen wird.

Sternzeichen	
GÜNSTIGE Glück	UNGÜNSTIGE Unglück
Widder	
Stier	Jungfrau
Zwilling	
Krebs	Waage
Löwe	
Schütze	Skorpion
Steinbock	
Wassermann	Fische

Planeten des Glücks und des Unglücks
Neutrale Planeten

Die Planeten des Glücks sind:
Jupiter
Venus
Sonne.

Die Planeten des Unglücks sind:
Saturn
Mars.

Die neutralen Planeten, die gemeinsam mit günstigen Planeten eine gute und gemeinsam mit ungünstigen Planeten eine schlechte Wirkung haben, sind:
Merkur
Mond.

Die Chancen eines Planeten werden sehr erhöht, wenn sich dieser in demjenigen Zeichen des Tierkreises befindet, der sein Domizil ist. Dies kann mit Hilfe der nachstehenden Tabelle festgestellt werde.

Domizile der Planeten

PLANETEN	HAUPT– oder TAGESHAUS	SEKUNDÄR- oder NACHTHAUS
Saturn	Steinbock	Wassermann
Jupiter	Schütze	Fische
Mars	Widder	Skorpion
Sonne	Löwe	
Venus	Stier	Waage
Merkur	Jungfrau	Zwillinge
Mond	Krebs	

Die schlechten Tage des Jahres (Ägyptische Stunden)

Die ägyptischen Astrologen hatten beobachtet, daß die Krankheiten, die zu bestimmten Zeitpunkten auftraten, im allgemeinen einen unheilvollen Ausgang nahmen und daß auch die in Angriff genommenen Unternehmungen in Gefahr schwebten. Danach sind die Ägyptischen Tage und Stunden:

Januar	1. um 23 Uhr	und	25. um 18 Uhr
Februar	4. um 20 Uhr	und	20. um 22 Uhr
März	1. um 4 Uhr	und	28. um 22 Uhr
April	10. um 8 Uhr	und	20. um 23 Uhr
Mai	3. um 18 Uhr	und	25. um 22 Uhr
Juni	10. um 18 Uhr	und	16. um 4 Uhr
Juli	13. um 23 Uhr	und	22./23. um 23 Uhr
August	1. um 1 Uhr	und	30./31. um 19 Uhr
September	3. um 3 Uhr	und	21. um 4 Uhr
Oktober	3. um 20 Uhr	und	22. um 21 Uhr
November	5. um 20 Uhr	und	28. um 5 Uhr
Dezember	7. um 1 Uhr	und	22. um 18 Uhr

Wir wollen nun die Glückschancen eines Menschen bestimmen, der am 30. März 1887 geboren ist.

Der Kalender Bussy gibt uns den Mittwoch als Geburtstag an: Einfluß von Merkur.

Nach der Übersicht über die planetarischen Einflüsse herrscht die Sonne über den Zeitraum vom 30. März bis 8. April.

Das Tierkreiszeichen ist der Widder (20. März bis 20. April).

Der 30. März gehört nicht zu den Ägyptischen Tagen.

Sonne, Merkur und Widder sind Glückszeichen. Der am 30. März 1887 Geborene hat Glück und muß gegen keinen schlechten Einfluß von Planeten oder Sternzeichen ankämpfen.

Nehmen wir nun einen Menschen, der am 8. März 1885 geboren ist.

Er ist an einem Sonntag geboren; der entsprechende Planet ist die Sonne.

Nach der Übersicht über die planetarischen Einflüsse steht die Zeit zwischen dem 5. und 14. März unter dem Einfluß des Mars.

Der 8. März ist kein Ägyptischer Tag.

Das Tierkreiszeichen ist Fische (20. Februar bis 20. März).

Demnach gibt es einen günstigen planetarischen Einfluß mit einem Zeichen der Gewalt (Mars).

Es gibt einen ungünstigen Einfluß des Sternzeichens Fische.

Es gibt persönliche Glückschancen, und der Kampf gegen die äußeren Einflüsse ist notwendig, um dieses Glück zu sichern.

Hierfür notwendig sind Willenskraft und die unsichtbaren Kräfte.

Die Hand der Fatima

Ein Schlüssel der östlichen Kabbala

Joseph Balsamo, der Graf von Cagliostro, wurde 1713 in Palermo geboren. Er unternahm Reisen nach Ägypten, Arabien, Persien, Malta, Rhodos, den Ägäischen Inseln und Rom und erwarb sich dort vor allem Kenntnisse, die ihm einen außerordentlich großen Ruhm in der Weissagekunst einbrachten.

Er starb 1795 im Schloß von Saint-Léon und hat dort in einer alten Handschrift das Orakel *Die Hand der Fatima* hinterlassen, das bei den Völkern des Orients schon lange in Gebrauch war, doch bis in neuere Zeiten unbekannt geblieben ist. Es folgt die Wiedergabe dieses Orakels nach orientalistischen Quellen.

Dieses Orakel setzt sich aus zwei Teilen zusammen:

1. *Die Hand der Fatima* oder der Schlüssel der *individuellen Zahlen*, der dazu dient, auf eine sehr genaue Art und Weise den Charakter, das Temperament und die Fähigkeiten eines Menschen zu bestimmen. 2. *Der Doppelte Zodiak* ist ein Schlüssel für die Zukunft, der dazu dient, den Schleier der Zukunft zu heben und den Blick in die Abgründe des Schicksals zu werfen. Dieser *Doppelte Zodiak* ist derjenige Teil der Abbildung, der aus zwei konzentrischen Kreisen besteht und sich unterhalb der *Hand der Fatima* befindet, von welcher er durch einen Doppelstrich getrennt wird.

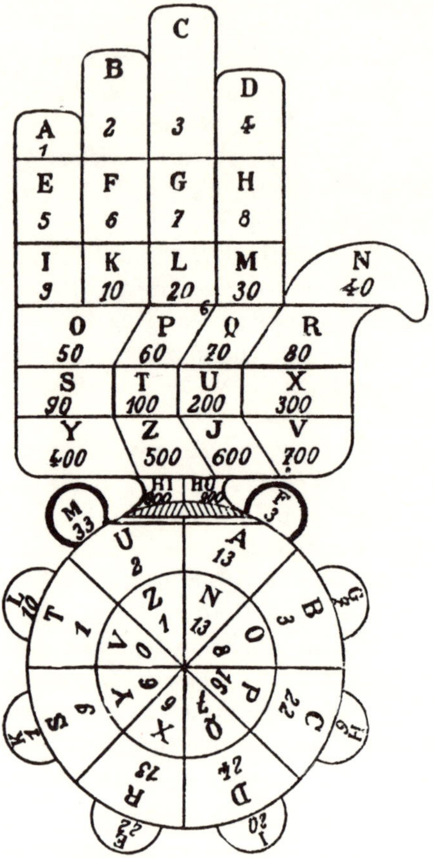

Die Hand der Fatima

1. Die Hand der Fatima

Erklärung: Um den Charakter, das Temperament und die Fähigkeiten eines Menschen zu erkennen, nimmt man die Buchstaben des Namens und des Vornamens der betreffenden Person und ersetzt sie durch die entsprechenden Zahlen, die unter den Buchstaben in den Kästchen stehen, in welche die *Hand der Fatima* unterteilt ist.

Wenn Sie alle Zahlen addieren, werden Sie die *persönliche Zahl* des Betreffenden erhalten. Schauen Sie, um die Bedeutung dieser Zahl zu erfragen, in der untenstehenden »Tabelle der Entsprechungen« für die *Hand der Fatima* nach, und achten Sie darauf, die Tausender wegzulassen und die Bedeutung der Hunderter getrennt zu überprüfen.

Beispiel: Wollen Sie wissen, welche persönliche Zahl Jean-Jacques Rousseau hat?

J	=	600	J	=	600	R	=	80
E	=	5	A	=	1	O	=	50
A	=	1	C	=	3	U	=	200
N	=	40	Q	=	70	S	=	90
			U	=	200	S	=	90
			E	=	90	E	=	5
			S	=	5	A	=	1
						U	=	200
		646			969			716

Total: 2.331

Die Gesamtsumme ist 2.331. Ich lasse die 2.000 weg und behalte nur die Zahl 331, wozu mir die Tabelle sagt: 300 = begeisterter Glaube, Philosophie; 31 = Liebe zum Ruhm, was den Charakter jenes Mannes tatsächlich wiedergibt.

Wenn der Name eine Zahl ergibt, die sich nicht in der Tabelle findet oder mit »Nichts« gekennzeichnet ist, muß man sie in Hunderter, Zehner und einstellige Ziffern zerlegen.

Tabelle der Entsprechungen

1 Leidenschaft, Ehrgeiz, Begeisterung
2 Vernichtung, Tod, Katastrophe
3 Mystik, platonische Liebe, Träumerei
4 Wagemut, Großzügigkeit, Macht
5 Glück, Gewinn, Heirat
6 Perfektion, Arbeit
7 Reinheit der Gefühle, innere Betrachtung
8 Gerechtigkeitsliebe, Ehrlichkeit
9 Unvollkommenheiten und Schmerzen, Mühen, Attentat
10 Leistung, Verstand, künftiges Glück
11 zahlreiche Mängel, schmerzhafte Erfolge
12 Glücksbringer, glückliche Vorbedeutung
13 Gottlosigkeit, Zynismus
14 Hingabebereitschaft bis zur Aufopferung
15 Glaube, Ideal
16 Glück, Sinnlichkeit, Liebe
17 Unbeständigkeit, Leichtfertigkeit
18 unverbesserlicher Starrsinn
19 Nichts
20 Trauer, Freudlosigkeit
21 Brutalität, Gewalt
22 Erfindungsgabe, Klugheit, Geheimnis
23 Unheil, Rache
24 Gleichgültigkeit, Egoismus
25 Intelligenz, zahlreiche Geburten
26 Macht sich gern nützlich
27 Festigkeit, Mut
28 Gunst, Zärtlichkeit, Liebe
29 Nichts
30 Heiraten, Berühmtheiten
31 Ehrgeiz, Ruhm
32 Hymen, Keuschheit

33 Beispielhaftes Verhalten
34 Leiden, Mühen
35 Geistige und körperliche Harmonie, Gesundheit
36 Große Genialität, weitreichende Vorstellungen
37 Sanfte Eigenschaften, eheliche Liebe
38 Unvollkommenheit, Geiz, Neid
39 Nichts
40 Feste, Bankette, Vergnügen
41 Ohne moralischen oder physischen Wert
42 Reisen, unglückliches und kurzes Leben
43 Religiöse Zeremonien, Apostolat
44 Macht, Pomp, Ehre
45 Empfängnis, zahlreiche Nachkommen
46 Ländliches Leben, Fülle, Fruchtbarkeit
47 Glückliches und langes Leben, frei von Sorgen
48 Tribunal, Verurteilung, Ruin
49 Nichts
50 Gefangenschaft dann Freiheit, Glück
60 Witwenschaft
70 Liebe zur Wissenschaft
73 Liebt die Natur, keine große Kunstfertigkeit
75 Sensibilität, Zuneigung, Nächstenliebe
80 Krankheit, Heilung, langes Leben
81 Bildende Künste, Geisteskultur
90 Hellseherische Begabung, Irrtum, Bedrängnis
100 Gunst, Ehre, Ruhm
120 Guter Ehepartner, feuriger Patriot
150 Schmeichelei, Scheinheiligkeit
200 Unentschlossenheit
215 Unheil
300 Begeisterter Glaube, Philosopie
313 Hellsichtigkeit
350 Naivität, Hoffnung in die Gerechtigkeit
360 Geselligkeit, vielseitige Begabung
365 Berechnung, Vorteil, Egoismus

400	Kunst, Liebe, heftige Gefühle
490	Kloster, innere Glut, Mysterium
500	Erwähltsein, Ehren, Status
600	Opfer des Neides, Erfolg, Katastrophe
666	Intrigen, Verschwörung, sozialer Zusammenbruch
700	Kraft, Stärke, Gesundheit
800	Herrschaft, Ruhm, Exil
900	Tapferer Krieger, Kreuze, Auszeichnungen
1000	Ehrgeiz
1095	Der Verfolgung ausgesetzt, Märtyrer
1260	Qualen, Trost im Alter
1390	Physische Schwäche, moralische Stärke

2. Der doppelte Zodiak

Liebe Leserinnen, liebe Leser, möchten Sie wissen, ob Sie geliebt werden oder ob Sie aus den Kämpfen, welche die Zukunft für Sie bereithält, als Sieger hervorgehen? Befragen Sie den *Doppelten Zodiak*.

Schreiben Sie dafür Ihren Geburtsnamen und den Namen Ihres künftigen Partners in der Liebe oder Gegners im Kampf auf. Ermitteln Sie damit für jeden von Ihnen getrennt die Summe, die Sie durch die Summe des *Doppelten Zodiaks* erhalten.

Teilen Sie jede Einzelsumme durch 9 und suchen Sie die Zahl, die für den einen wie den anderen übrigbleibt, in der ersten Reihe der untenstehenden Tabelle. Sie sehen dann an der Zahl, wer der Sieger über den anderen sein wird.

1		3,1,7,9
2		1,4,0,8
3	wird	2,5,7,9
4	den	1,3,6,8
5	Sieg	2,4,7,9
6	davon-	1,3,5,7
7	tragen	2,4,6,8
8	über	1,3,5,7
9		2,4,6,8

Das Glück in den Handlinien

Fragen Sie eine Zigeunerin nach dem Rätsel Ihres Glücks: Sie wird Ihre linke Hand ergreifen und Ihnen die Geheimnisse Ihres Schicksals daraus lesen.

Tatsächlich sind von Geburt an alle rätselhaften Linien in der Hand verzeichnet. Wir wollen hier keine Vorlesung über das Deuten der Handlinien oder die Chiromantie halten, sondern werden einige Abbildungen wiedergeben, die es den neugierigen Leserinnen und Lesern ermöglichen sollen, sehr rasch die in der Hand verborgenen Zeichen des Glücks oder Unglücks zu entdecken.

GLÜCK UND FORM DER FINGER

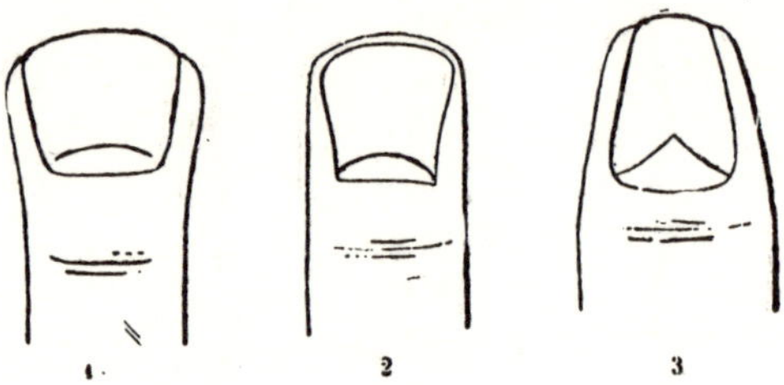

Das Glück in der Form der Fingerspitzen:

1. Der am Ende schaufelförmige Finger zeigt Glück in materiellen Unternehmungen an.
2. Der am Ende viereckig geformte Finger zeigt Glück in wissenschaftlichen Angelegenheiten an.
3. Der am Ende spitze Finger zeigt Glück in der Kunst und Diplomatie an.

GLÜCK UND LÄNGE DER FINGER

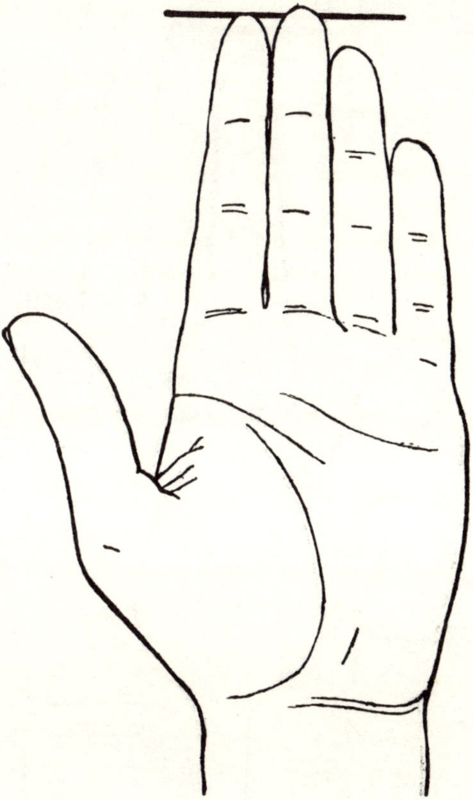

Wenn der Zeigefinger (Jupiter) länger als der Ringfinger (Apollon) ist, so zeigt dies Glück in materiellen Unternehmungen und Liebe zu materiellem Wohlstand an.

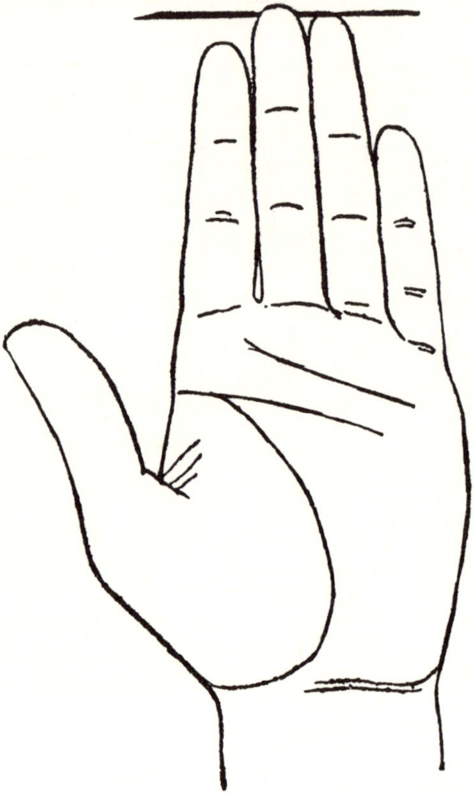

Wenn andererseits der Ringfinger (Apollon) länger als der Zeigefinger (Jupiter) ist, so weist dies auf Glück in den Künsten, Ruhm und die Schwierigkeit hin, in rein materiellen Angelegenheiten Erfolg zu haben.

DIE NAMEN DER HANDLINIEN

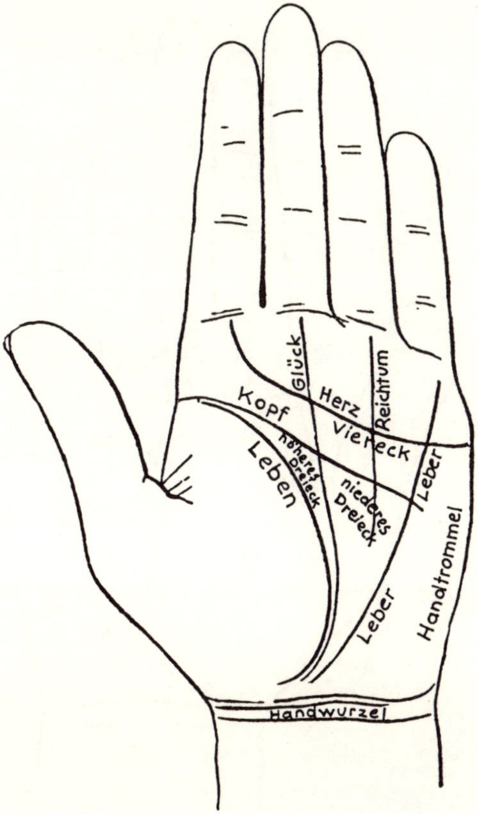

Diese Abbildung gibt die Namen aller Handlinien nach den Anhängern der Chiromantie wieder. Sie soll dazu dienen, alles das besser zu verstehen, was in Beziehung zum Deuten der Glückszeichen in der Hand steht.

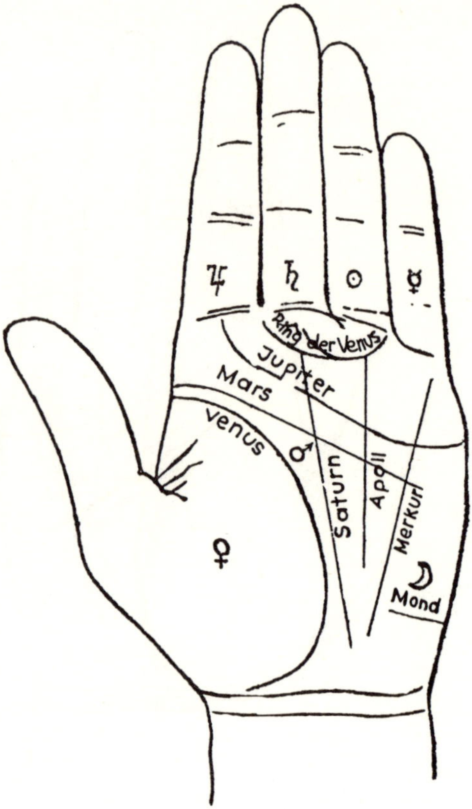

Diese Abbildung zeigt die astrologischen Beziehungen der Handlinien an. Es empfiehlt sich, sie mit der vorangegangenen Darstellung zu vergleichen.

GLÜCK IM GESCHÄFTSLEBEN

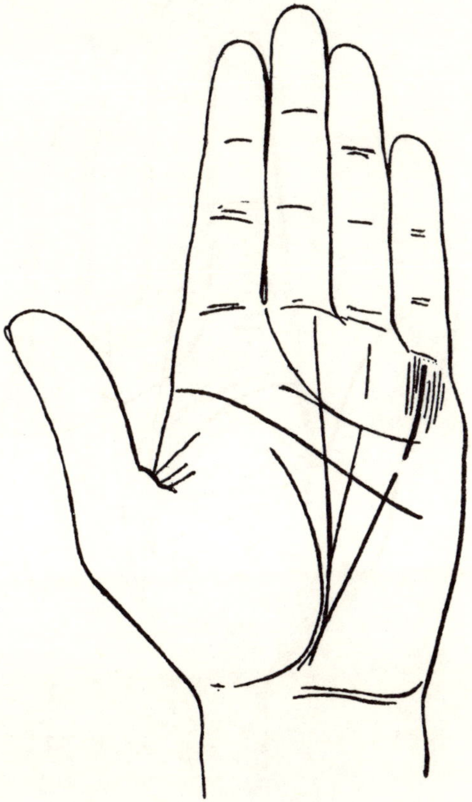

Die feinen Linien unter dem kleinen Finger (Merkur) zeigen Chancen in wissenschaftlichen Studien und eine Eignung zu großen geschäftlichen Unternehmungen an.

Eine Gabelung unter dem Ringfinger (Apollon) zeigt die Chancen, im Laufe des Lebens mit Sicherheit reich zu werden.

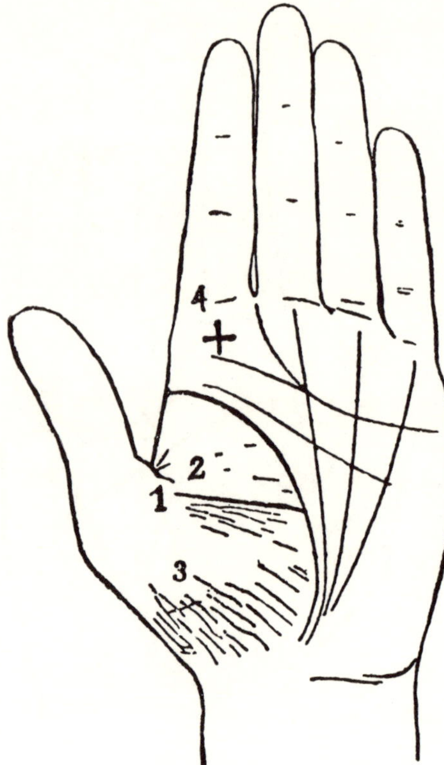

Schauen Sie nach, ob Sie ein Kreuz unter dem Jupiter (Zeigefinger) haben: Das ist das Anzeichen für eheliches Glück durch eine sichere Liebesheirat.

GEHEIME GLÜCKSZEICHEN

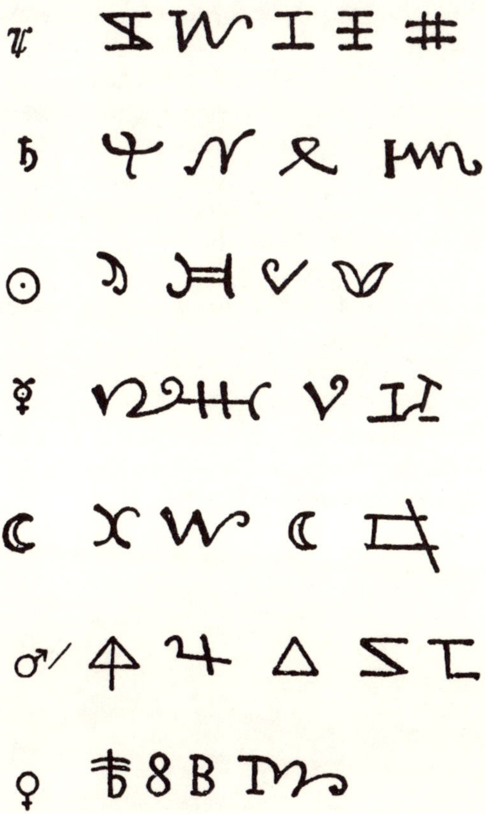

Jedes dieser Zeichen, entweder von der Natur in die Hand geschrieben oder vom Menschen auf ein Stück unberührtes Pergament, bringt demjenigen, der es besitzt oder bei sich trägt, die Glückschancen des Planeten, der am Anfang jeder Reihe steht.

Diese Chancen sind: Jupiter – die Chance, eine hochgestellte Position zu erreichen; Saturn – die Chance eines langen Lebens; Sonne – Erfolgschancen in der Kunst und Reichtum; Merkur – Erfolgschancen in der Wissenschaft; Mond – Glück in der Familie; Mars – Glück im Krieg; Venus – Glück in der Liebe.

Das Glück und die Handfarbe

Eines der einfachsten Verfahren für die Bestimmung von unsichtbaren Einflüssen, die auf den Charakter einwirken, ist das folgende:

Nehmen Sie ein weißes Blatt Papier und legen Sie, wenn mehrere Personen versammelt sind, nacheinander Ihre linke Hand flach mit der Handfläche nach unten darauf. Dabei werden Sie feststellen, daß jeder eine andere Hautfarbe hat und das vier charakteristische Farben vertreten sind.

Hände, die auf dem Papier völlig weiß wirken: Glückschancen in Geschäften.

Hände mit bräunlicher Hautfarbe: Glück bei verwegenen Unternehmungen.

Hände mit rötlicher Färbung: Glück in ökonomischen oder politischen Kämpfen.

Gelbliche Hände: Glückschancen in den Künsten.

Für die Bestimmung einer Diagnose sind diese einfachen Grundregeln ausreichend.

Das Glück und die Handschrift

Ohne allzu ausführlich auf die Einzelheiten der Graphologie einzugehen, die von den Eingeweihten als Geheimwissenschaft angesehen wird, geben wir die einleuchtendste Tatsache der Welt wieder, daß die Handschrift, die eine genaue Entsprechung der Handform ist, das Temperament zum Ausdruck bringt und Glück oder Unglück anzeigen kann.

Glückszeichen in der Handschrift

ansteigende Zeilen
Querbalken des *t* im oberen Teil des Buchstabens und/oder ansteigend
gut verbundene Briefe in ansteigender Handschrift
breite Ränder
o und *a* offen
deutlicher *i*-Punkt

Unglückszeichen in der Handschrift, die es zu verbessern gilt

abfallende Zeilen
Querstriche des *t* fehlend oder im unteren Teil des Buchstabens und/oder nach unten abfallend
Briefe unverbunden und schlecht gestaltet
keine Ränder
o und *a* überwiegend geschlossen
fehlender *i*-Punkt

Zweiter Teil

Die Talismane

Die Sprache der Unsichtbaren Welt ist das Bild.

Ein Bild wird auch von Menschen verstanden, die ganz unterschiedliche Sprachen sprechen können.

Aus diesem Grunde kommuniziert die Unsichtbare Welt in Träumen, die schwerwiegende Ereignisse ankündigen, in prophetischen Visionen und in der Mehrzahl ihrer Äußerungen durch symbolische Formen mit den Menschen oder anderen Wesen.

Einige dieser Zeichen, aus denen die Elemente dieser Sprache der Unsichtbaren Welt bestehen, sind von Sehern wahrgenommen und festgehalten worden, um damit Kommunikationsmittel zwischen den beiden Ebenen zu schaffen. Die Zahlen und ganz bestimmte Buchstaben stellen die Elemente dieser heiligen Sprache dar, die sich für die Anfertigung von Talismanen verwenden läßt.

Diese Talismane nehmen Einfluß auf denjenigen Bereich, der in Beziehung zu den graphischen Zeichen steht, aus denen sie sich zusammensetzen, und zu den entsprechenden Zeremonien, die ihren astralen Einfluß herstellen sollen. Man kann Talismane auch dafür verwenden, um das Glück an einem Punkt festzuhalten, wenn es uns zu fliehen scheint.

Das Material für Talismane

Häufig liest man in den alten magischen Handbüchern, daß man *jungfräuliches Pergament* dafür verwenden muß, um Beschwörungsformeln oder hieroglyphische Zeichen niederzuschreiben. Für denjenigen, dem der Schlüssel dazu fehlt, dürfte dieser Begriff ziemlich unverständlich sein. Will man seine Bedeutung verstehen, muß man sich daran erinnern, daß nach den alten Lehren jeder Gegenstand, in seiner unsichtbaren Atmosphäre verzeichnet, die Spur von allem bewahrt, was er berührt hat oder wovon er berührt worden ist oder womit eine gewisse Zeit ein Kontakt bestanden hat. Bestimmte Personen, die psychometrisch veranlagt sind, können daher, wenn sie einen Gegenstand auf ihre Stirn legen, über Tatsachen berichten, die mit Dingen oder Menschen zu tun haben, mit denen das besagte Objekt in Zusammenhang gestanden hat.

Es wurde nun aber als notwendig angesehen, daß die Pergamente, welche zu magischen Operationen verwendet wurden, keinerlei fremde Bilder eingeprägt hatten. Außerdem wurden diese Pergamente von den Alten mit besonders ausgewählten Materialien und Häuten von sehr jungen oder sogar totgeborenen Tieren hergestellt. Von daher erklärt sich der Ausdruck *jungfräuliches Pergament*.

Es liegt auf auf der Hand, daß eine solche »astrale Antisepsis« in unseren Zeiten schwer zu erreichen ist. Man kann das Pergament tatsächlich durch Papier aus reinen Fasern ersetzen oder noch besser durch eine junge Tierhaut, die nur von einer Seite benutzt wird.

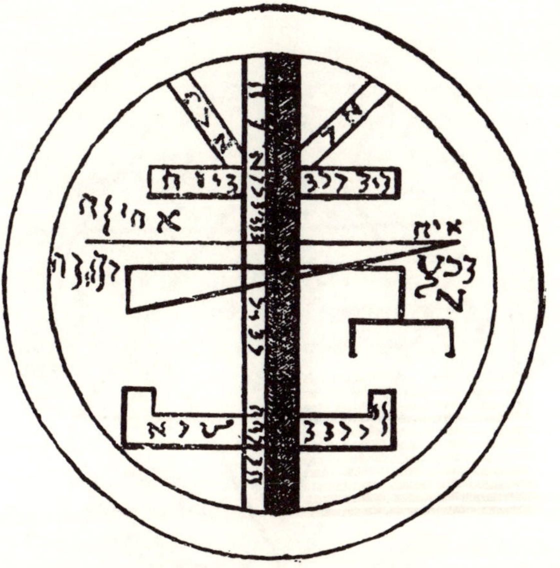

DER UNIVERSAL-TALISMAN

Dieser Talisman, von Eliphas Levi nach den Arkana Salomos zusammengesetzt, besitzt eine sehr große Macht, alle bösen Geister zu beschwören. Er befreit von Zwangsvorstellungen und Besessenheit. Er muß mit goldener Tinte auf sauberes Pergament oder Papier gezeichnet und in einem Beutel aus goldgelber Seide getragen werden.

RÜCKSEITE DES UNIVERSAL-TALISMANS

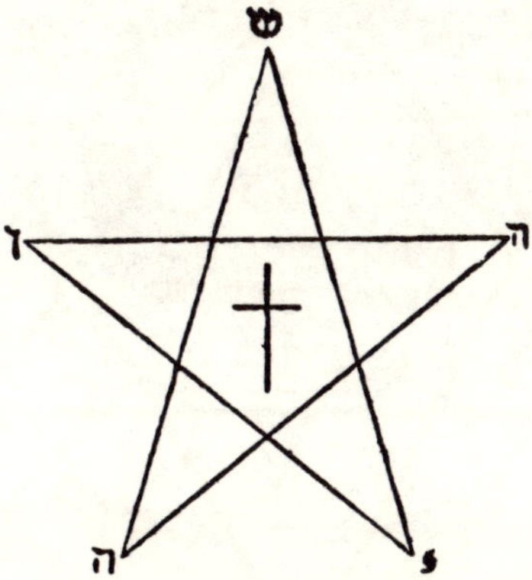

DER MYSTISCHE NAME VON JESUS-CHRISTUS

Das Pentagramm und das Kreuz
Glückszeichen gegen Verhexung und Zauberei
Zeichen für die Rückkehr des verschwundenen Glücks

DER GROSSE GLÜCKS-TALISMAN DER FREIMAURER

Der soziale Aktionsplan der Freimaurerei wird im 32. Grad des Schottischen Ritus gelehrt.

Der Schlüssel zu diesem Plan ist der Aufbau der Sphinx, deren Grundelemente etwas abgewandelt worden sind, um den Nicht-Eingeweihten irrezuführen.

Dieses schöne Symbol ist ein echter sozialer Talisman.

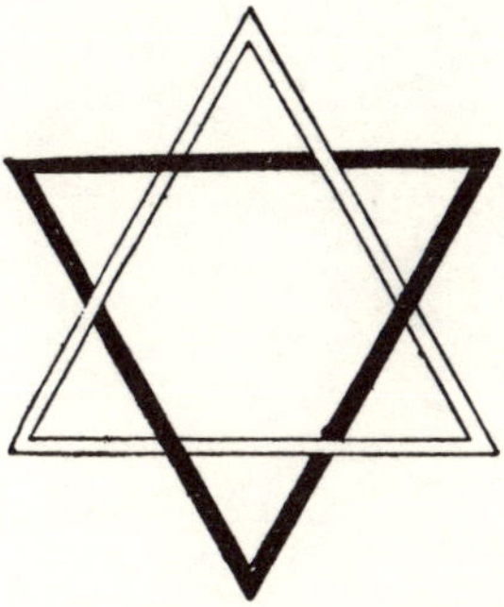

DAS SALOMONISCHE
SIEGEL

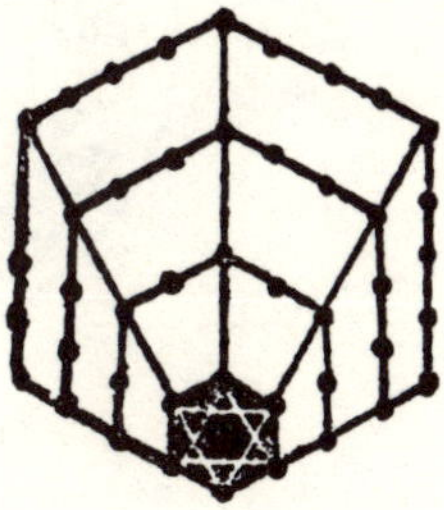

DIE GEHEIMNISSE
DER PYRAMIDE

DER SALOMONISCHE KNOTEN
eine arabische Umformung
des Salomonischen Siegels

GLÜCKS-TALISMAN
der frühen gnostischen Christen

GNOSTISCHER TALISMAN

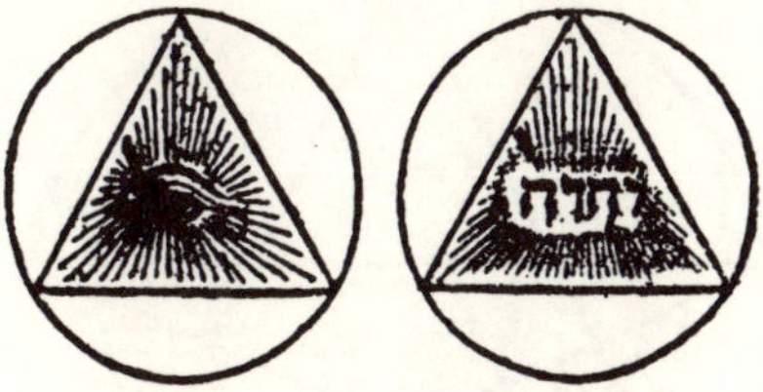

DER GÖTTLICHE NAME
UND SEINE GEISTIGE ÜBERTRAGUNG
kabbalistischer Talisman

DER GÖTTLICHE NAME
IN 72 BUCHSTABEN
machtvoller kabbalistischer
Talisman

MONOGRAMM DES KONSTANTIN
Name Christi und
Schlüssel von Thora, Tarot und Rota

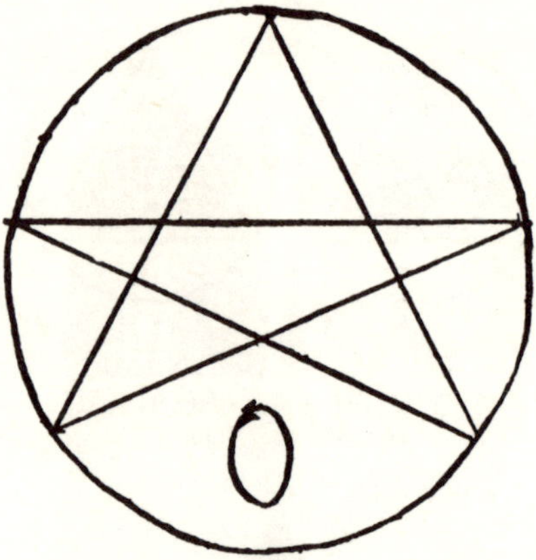

DAS PENTRAGRAMM
Schlüssel für die okkulten Kräfte des Menschen
vor allem im Mittelalter sehr gebräuchlicher Talisman

DIE UNIVERSELLE DREIEINIGKEIT
wissenschaftliches Symbol

Die Kirche Saint-Jacques la Boucherie

BAUWERKE ALS TALISMANE

Die alten Eingeweihten verwendeten nicht nur individuelle Talismane, sondern auch soziale Talismane, die dazu bestimmt waren, die schlechten Einflüsse der Kollektivkräfte zu beseitigen. Unter den letzteren spielen die Kathedralen eine bedeutende Rolle.

Die Abbildung zeigt eine Kirche, von der nur der Turm übriggeblieben ist, der zum Turm Saint-Jacques wurde. Diese Kirche soll auf Kosten von Nicolas Flamel erbaut worden sein. Der Turm Saint-Jacques wird von den an das Christentum angepaßten Symbolen der Sphinx beherrscht. Es handelt sich dabei um einen echten sozialen Talisman.

DIE SPHINX

Die Sphinx hat mit all ihren Darstellungsformen einen Schlüssel zur Vierheit geliefert. In die vier Grundbestandteile zerlegt, aus denen sie sich zusammensetzt: den Ochsen, den Löwen, den Adler und den Menschenkopf, ist sie Symbol für jeden der Evangelisten geworden. Das ist ein echtes Beispiel für ein Bauwerk als Talisman und das älteste von diesen.

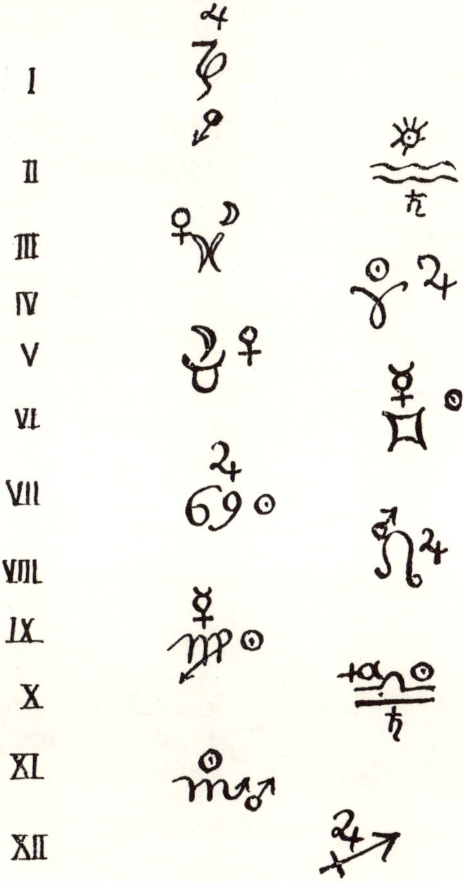

Jedes dieser Zeichen bezieht sich auf einen astrologischen Monat, der vom 20. Tag eines Kalendermonats bis zum 20. des nächsten reicht.

Der erste von diesen geht vom 20. Dezember bis zum 20. Januar; der zweite vom 20. Januar bis 20. Februar und so fort. Man muß das Zeichen des Monats, in dem man geboren ist, einritzen und es bei sich tragen, wenn man das Glück festhalten will.

Grundelemente, die man kennen muß

SONNTAG

Werke des Glücks

Farbe .... Goldgelb
Metall .... Gold
Pflanzen .... Lorbeer, Heliotrop-Arten
Parfüme .... Zimt, männlicher Weihrauch, Safran, rotes Sandelholz
Edelsteine .... Chrysolith oder Rubin

★ ★ ★

MONTAG

Werke der Weissagung

Farbe .... Weiß
Metall .... Silber
Pflanzen .... Beifuß, gelbe Hahnenfußgewächse, Selenotrop-Arten
Parfüme .... weißes Sandelholz, Kampfer, Aloë, Ambra
Edelsteine .... Perlen, Bergkristall und Mondstein

★ ★ ★

DIENSTAG

Werke des Zorns und der Bestrafung

Farbe	Rot
Metall	Eisen, Stahl
Pflanzen	Wermut und Raute
Parfüme	Verbena (Eisenkraut)
Edelsteine	Amethyst

★ ★ ★

MITTWOCH

Werke der Klugheit und Wissenschaft

Farbe	Blau, Gelbrot
Metall	Quecksilber
Pflanzen	Narzisse, Lilie, Majoran-Arten, Bingelkraut und Erdrauch
Parfüme	Benzoeharz, Muskatblüte und Storax
Edelsteine	Achat

★ ★ ★

DONNERSTAG

Werke der Beherrschung

Farbe	Grau
Metall	Blei, Zinn
Pflanzen	Granatapfel, Eiche, Feigenbaum, Pappel
Parfüme	Weihrauch, graue Ambra, Balsam, Paradieskörner
Edelsteine	Smaragd oder Saphir

★ ★ ★

FREITAG

Werke der Liebe

Farbe	Grün
Metall	Kupfer
Pflanzen	Veilchen, Rosen, Myrten, Olivenbaum
Parfüme	Zimt, Verbena
Edelsteine	Türkis, Beryll, Lapislazuli

★ ★ ★

SAMSTAG

Werke des Todes

Farbe	Schwarz
Metall	Blei
Pflanzen	Schwarze Nieswurz, Zypresse, Esche
Parfüme	Diagridium, Alaun, Skammonia, Schwefel, Asafötida
Edelsteine	Onyx

★ ★ ★

Das Tarot der Zigeuner

Die alten Ägypter waren im Besitz eines Buches, von dem jedes Blatt ein in Gold eingeprägtes Bild war. Dieses Buch diente dazu, die jungen Priester in Astronomie und Alchimie zu unterweisen und allen Eingeweihten den Schlüssel zu den symbolischen Bedeutungen zu geben.

Die Zigeuner haben dieses Buch bis zu uns gebracht, und der Schlüssel der Thora, das Rota-As Tarot, ist zu einem gewöhnlichen Kartenspiel geworden.

Wir haben zwei Werke zur Entschlüsselung dieses Buches geschrieben und geben hier daher nur die Figuren der Großen Arkana wieder, von denen jede einen echten Talisman darstellt.

Es genügt, den Ratsuchenden sieben Karten ziehen zu lassen und nach dem folgenden Schlüssel zu überprüfen, ob der Betreffende von günstigen Einflüssen umgeben ist oder nicht.

Für alle Einzelheiten sei auf die beiden Werke *Tarot der Zigeuner* und *Tarot der Weissagung* verwiesen.

Die Welt

Der Wagen

Höhere Glückszeichen

Der Gaukler

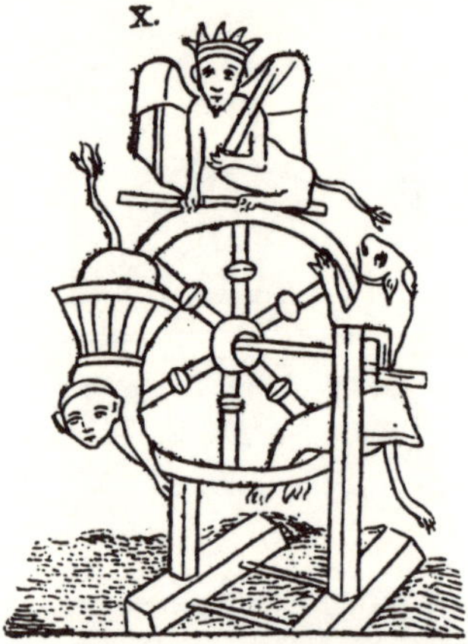

Das Rad des Schicksals

Höhere Glückszeichen

Die Gerechtigkeit

Der König

Höhere Glückszeichen

Die Kraft

Die Königin

Höhere Glückszeichen

Die Sonne

Geringeres Glückszeichen

Die Ausgewogenheit

Der Stern

Geringere Glückszeichen

II.

Die Päpstin

VIIII

Der Einsiedler

Geringere Glückszeichen

Der Papst

Der Scheideweg

Geringere Glückszeichen

Der Hängende

Der Tod

XVI.

Der einstürzende Turm

XX.

Das Jüngste Gericht

Unglückszeichen

Der Teufel

Der Mond

Unglückszeichen

Der Narr

Unglückszeichen

Für den Aufbau eines individuellen Glückszeichens, das lange Berechnungen vermeidet und doch wirksam sein soll, genügt es, die Entsprechungen mit dem Mond zur Anwendung zu bringen.

Der Mond unterliegt allen Einflüssen in 28 Tagen, denen die Sonne in 365 Tagen unterliegt.

Die Phase des Neumondes entspricht dem Winter,
die Phase des ersten Mondviertels dem Frühling,
die Phase des Vollmondes dem Sommer und
die Phase des letzten Mondviertels dem Herbst.

Man kann die Figuren der Talismane entweder auf den angegebenen Metallen und Gegenständen oder auf jungfräulichem Pergament bzw. einer Kalbshaut erstellen.

Es ist zu empfehlen, sich sieben Buntstifte zu besorgen und jeweils nach dem Wochentag, an dem der Talisman angefertigt wird, mit der entsprechenden Farbe einen Kreis um den Talisman zu zeichnen.

Die betreffenden Farben sind: Weiß für den Montag; Rot für den Dienstag; drei harmonische Farbtöne, Gelb, Rot, Grün, für den Mittwoch; Grau für den Donnerstag; Blau für den Freitag; Schwarz für den Samstag. Am Sonntag wird der Kreis in einem leuchtenden Gelb oder, besser noch, mittels eines feinen Goldfadens gemacht.

Wenn Sie sich Ihren Glückstalisman von einem Dritten haben zeichnen lassen, so machen Sie sich die Mühe, ihn damit selbst zu weihen, daß sie den Kreis des entsprechenden Wochentages ziehen und den Talisman mit dem angegebenen Parfüm besprühen.

Die folgenden Tabellen, die nach den sorgfältigsten Forschungen zu diesem Thema zusammengestellt sind, ermöglichen es, alle notwendigen Bestandteile für die Zusammensetzung von Talismanen zu finden. Dies ist eine wirklich vollständige Abhandlung über die Mondmagie.

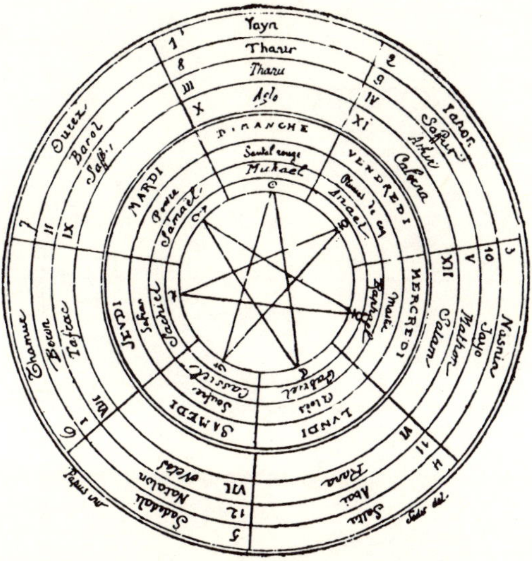

MAGISCHE UHR

Lösen Sie den inneren Kreis an der Stelle der Doppellinie heraus und drehen Sie ihn in der Form, daß Sie den gewählten Tag auf die Position der ersten Stunde bringen (wie der Sonntag in der jetzigen Darstellung)

(1) Mondhäuser (Tagesabschnitte der Mondbahn auf der Ekliptik) (2) andere Bezeichnungen für diese Häuser (3) Sternbilder, aus denen die Häuser bestehen (4) Entsprechende Tierkreiszeichen	Die GRADE, die der Mond an einem Tag durchläuft	
	Eintritt	Austritt
1. Tag des Mondzyklus (1) Alnath (2) Standort des Fisches. Bauch des Wals. Hörner des Widders (3) Bauch des Wals und der Fische (4) Widder	0 0	12 32
2. Tag des Mondzyklus (1) Albochan. Abotha (2) Fisch des Horus. Sartin. Bauch des Widders (3) Kopf des Widders (4) Widder	12 32	25 43
3. Tag des Mondzyklus (1) Athoraye. Achoomazone (2) Bathin. Pluviatilen oder Piciaden (3) Dreieck (4) Widder	25 42	V 18 24
4. Tag des Mondzyklus (1) Aldecharam. Achaomazone (2) Standort des Horns. Altarieth. Stierauge (3) Plejaden (4) Stier	8 24	21 24

(1) Intelligenzen, die über die Häuser herrschen (2) Einflüsse der Häuser nach verschiedenen Quellen (3) Talismane mit den gleichen Eigenschaften wie die Einflüsse der Häuser	Kabbalistischer Buchstabe, der mit den Häusern korrespondiert ——— Symbolische Figur, deren Geburtstag mit dem jeweiligen Haus korrespondiert
(1) Geniel Kiaiel (2) Königin über ihre Feindin. Langwierige, jedoch nicht tödliche Krankheiten. Kind, das lange leben wird. Träume, Freudenzeichen. Reise. Zwietracht (3) Schwarzer Mann, umgürtet und mit einer Rüstung bekleidet, wirft mit der rechten Hand einen Pfeil. Eingraviert in einen Eisenring, mit schwarzem Wachs versiegelt. Mit flüssigem Storax-Harz parfümiert.	א Adam
(1) Encd'el Hiaiel (2) Versöhnung mit dem Prinzen. Günstig, um zu reisen, zu zeugen, zu bauen und zu pflügen. Kurze Krankheiten. Kind, das rasch wachsen wird. Wirkungslose Träume. Entdeckte Schätze. Festgehaltene Gefangene. (3) Gekrönter König. Versiegelt mit weißem Wachs und Mastix. Parfüm: Aloënholz.	ב Eva
(1) Amixiel Ginchiael (2) Wohlstand. Glück. Gefährliche Krankheiten. Wirkungslose Träume. Kind, das nicht leben wird. An diesem Tag soll man nichts unternehmen. Günstig für Seefahrer, Jäger, Alchimisten (3) Silberplatte. Gutgekleidete Frau, auf einem Thron sitzend, die rechte Hand über ihren Kopf erhoben. Kampfer und Moschus	ג Kain
(1) Azariel Ginchiael (2) Feindschaft, Rachsucht. Günstig für Unternehmungen. Gefährliche Krankheiten. Träume, die sich erfüllen. Kind, das hinterhältig sein wird. Zerstörung von Gebäuden. Reptilien, die in die Flucht geschlagen werden (3) Rotes Wachs. Soldat zu Pferd, der in der rechten Hand eine Schlange hält. Rote Myrrhe und Storax	ד Abel

(1) Mondhäuser (Tagesabschnitte der Mondbahn auf der Ekliptik) (2) andere Bezeichnungen für diese Häuser (3) Sternbilder, aus denen die Häuser bestehen (4) Entsprechende Tierkreiszeichen	Die GRADE, die der Mond an einem Tag durchläuft Eintritt	 Austritt
5. Tag des Mondzyklus (1) Alchataya. Albanna (2) Standort des Horus. Großer Finger. Aldebaran (3) Auge des Stiers (4) Stier	21 24	□ 4 17
6. Tag des Mondzyklus (2) Einfriedung. Kleiner Stern des großen Lichtes (3) Kopf der Zwillinge (4) Zwillinge	4 17	17 8
7. Tag des Mondzyklus (1) Alarazach. Aldimiach (2) Athenaab. Arme der Zwillinge (3) Schultern der Zwillinge (4) Zwillinge	17 8	30 0
8. Tag des Mondzyklus (1) Alnaza Anatrachya (2) Knie des Löwen. Knie des Nils, weil der Nil während dieses Hauses zu steigen begann. Sternanhäufung (3) Krebs (4) Krebs	□ 30 0	12 50

(1) Intelligenzen, die über die Häuser herrschen (2) Einflüsse der Häuser nach verschiedenen Quellen (3) Talismane mit den gleichen Eigenschaften wie die Einflüsse der Häuser	Kabbalistischer Buchstabe, der mit den Häusern korrespondiert ——— Symbolische Figur, deren Geburtstag mit dem jeweiligen Haus korrespondiert
(1) Cabiel Hunïel (2) Gunst der Großen. Schlechte Handlungen werden bestraft. Tödliche Krankheiten. Zweifelhafte Träume. Kind, das nicht lange leben wird. Gesundheit, günstige Rückkehr. Unterweisung von Schülern. Errichtung von Gebäuden (3) Silber. Männerkopf. Sandale	ה Lamech
(1) Dirachiel Phiginiel (2) Wohlwollen. Liebe. Günstig für Unternehmungen. Zweifelhafte Träume, die geheim gehalten werden müssen. Kind, das lange leben wird. Vorteilhaft für Jagd und Belagerung. Ungünstig für die Ernte und ärztliche Eingriffe (3) Weißes Wachs. Mann und Frau halten sich umarmt. Aloë und Ambra	ו Ebron
(1) Scheliel Zinaïel (2) Erwerbung von Besitz. Bestrafung von Übeltätern. Kurze Krankheiten. Erfüllte Träume. Kind, das lange leben wird. Günstig für Liebende. Vernichtet Fliegen und chemische Operationen (3) Silber. Gutgekleideter Mann, der seine Hände bittend zum Himmel erhebt. Die Duftessenzen, die am meisten gefragt sind	ז der Tod Abels
(1) Amnediel Athaniel (2) Sieg. Günstig für Reisende, unheilvoll für Krankheiten. Träume, die sich erfüllen. Mißgebildete Kinder. Liebe, Freundschaft. Gesellschaft von Reisenden. Vernichtung von Ratten. Gefangene, die im Gefängnis zurückgehalten werden (3) Zinn. Adler mit Menschengesicht. Schwefel	ח Methusalem

(1) Mondhäuser (Tagesabschnitte der Mondbahn auf der Ekliptik) (2) andere Bezeichnungen für diese Häuser (3) Sternbilder, aus denen die Häuser bestehen (4) Entsprechende Tierkreiszeichen	Die GRADE, die der Mond an einem Tag durchläuft	
	Eintritt	Austritt
9. Tag des Mondzyklus (1) Alcharph. Archaan (2) Standort des Einflusses. Almathref. Löwenauge (3) Die Esel (4) Krebs	12 50	25 25
10. Tag des Mondzyklus (1) Aglebh. Algeliache (2) Standort, der aus sich selbst heraus entsteht. Eltarph. Gehirn des Löwen (3) Kopf des Löwen (4) Löwe	♋ 25 25	8 34
11. Tag des Mondzyklus (1) Arbdaf. Azalbra (2) Stirn. Elgich. Algbhet. Löwenmähne (3) Stirn des Löwen (4) Löwe	8 34	21 21
12. Tag des Mondzyklus (1) Alzarpha (2) Alcharhan. Alzabre. Löwenschwanz (3) Kopf der Jungrau (4) Löwe	21 21	4 7

(1) Intelligenzen, die über die Häuser herrschen (2) Einflüsse der Häuser nach verschiedenen Quellen (3) Talismane mit den gleichen Eigenschaften wie die Einflüsse der Häuser	Kabbalistischer Buchstabe, der mit den Häusern korrespondiert ——— Symbolische Figur, deren Geburtstag mit dem jeweiligen Haus korrespondiert
(1) Barbiel Tiaiel (2) Schwächen. Ziemlich gefährliche Krankheiten. Träume, die sich erfüllen. Kinder, die lange leben werden. Gut für Ernte und Reisen. Sät Zwietracht (3) Blei. Mann, der seiner Geschlechtsorgane beraubt ist und sich mit den Händen die Augen zuhält. Tannenharz	ט Nebukadnezar
(1) Ardesiel Biaiel (2) Problemlose Geburt. Günstig für Unternehmungen. Nichtige Träume. Tödliche Krankheiten. Kinder, die viel reisen werden. Liebe, Wohlwollen. Beistand gegen Feinde. Errichtung von Gebäuden (3) Gold. Löwenkopf. Ambra	ו Noah
(1) Neciel Kekaiel (2) Furcht, Respekt. Geeignet für die Emigration. Gefahrbringende Frauen. Krankheiten. Geistig begabte Kinder, die lange leben werden. Günstig für Händler, Reisende und die Befreiung von Gefangenen (3) Gold. Mann, der rittlings auf einem Löwen sitzt. Hält diesen mit der einen Hand am Ohr gepackt, trägt in der anderen einen Wurfspeer. Safran	כ Samuel
(1) Abdizuel. Laaiel (2) Zerbrochene Freundschaften. Unglücklicher Tag. Wahre Träume. Tödliche Krankheiten. Hinkendes Kind. Günstig für Ernte, Seefahrt, Pflanzung. Schicksal von Sklaven gemildert (3) Schwarzes Blei. Drache, der gegen einen Mann kämpft. Asafötida (Stinkasant) und Löwenhaare	ל Kanaan

(1) Mondhäuser (Tagesabschnitte der Mondbahn auf der Ekliptik) (2) andere Bezeichnungen für diese Häuser (3) Sternbilder, aus denen die Häuser bestehen (4) Entsprechende Tierkreiszeichen	Die GRADE, die der Mond an einem Tag durchläuft	
	Eintritt	Austritt
13. Tag des Mondzyklus (1) Alhayere (2) Standort des Humors. Alszarphet. Alszamach. Stachys. Hunde. Flügel der Jungfrau (3) Ähre der Jungfrau (4) Jungfrau	4 7	16 24
14. Tag des Mondzyklus (1) Acharet. Azimet. Alhumech. Alchymech (2) Standort des Ausrufers. Algara. Ähre der Jungfrau. Fliegende Ähre (3) Brust der Jungfrau (4) Jungfrau	16 24	30 0
15. Tag des Mondzyklus (1) Algarpha. Agrapha (2) Standort der Höhe. Alsamach. Decke. Fliegender Deckel (3) Waage (4) Waage	30 0	12 31
16. Tag des Mondzyklus (1) Azubenc (2) Günstiger Standort. Algaphra. Fühler des Skorpions (3) Waage (4) Waage	12 31	25 17

(1) Intelligenzen, die über die Häuser herrschen (2) Einflüsse der Häuser nach verschiedenen Quellen (3) Talismane mit den gleichen Eigenschaften wie die Einflüsse der Häuser	Kabbalistischer Buchstabe, der mit den Häusern korrespondiert ——— Symbolische Figur, deren Geburtstag mit dem jeweiligen Haus korrespondiert
(1) Jazeziel Masaiel (2) Frieden und Eintracht in der Ehe. Unglücklicher Tag. Gefährliche Krankheiten. Träume, die sich erfüllen. Kinder, die lange leben werden. Wohlwollen, Gewinn. Glückliche Reise. Reiche Ernten. Befreiung von Gefangenen (3) Bild eines Mannes auf rotem Wachs. Bild einer Frau auf weißem Wachs. Die beiden Tafeln eng vereint. Aloë, Ambra	מ Herodes
(1) Ergediel Maknaiel (2) Scheidung. Glücklicher Tag. Harmlose Krankheiten. Zweifelhafte Träume. Kinder, die in allem vollkommen sind. Eheliche Liebe. Günstig für Körperbehinderte und Seefahrer. Schädlich für Reisende zu Lande (3) Rotkupfer. Hund, der sich in den Schwanz beißt. Haare von Hund und schwarzer Katze	נ Die Segnung Noahs
(1) Ataliel Kekaiel (2) Neue Freunde. Durchschnittstag. Nicht tödliche Krankheiten. Träume, die sich erfüllen. Nachkommen, die die Frauen lieben werden. Entdeckte Schätze. Graben von Brunnen. Scheidung. Zwietracht. Vernichtung von Häusern und Feinden. Schädlich für Reisende (3) Weißes Wachs. Sitzender Mann, der Briefe liest. Weihrauch und Muskatnuß	ס
(1) Azeruel Aklaiel (2) Gewinn aus Warenhandel. Günstig für Geschäftsleute. Geeignet für die Emigration. Träume, die sich erfüllen. Kinder, die lange leben werden. Schädlich für Reisende, für Heiraten, für Ernten, für Handel. Gut für die Befreiung von Gefangenen (3) Silber. Mann auf einem Thron, der eine Waage hält. Süße Düfte	ע Hiob

(1) Mondhäuser (Tagesabschnitte der Mondbahn auf der Ekliptik) (2) andere Bezeichnungen für diese Häuser (3) Sternbilder, aus denen die Häuser bestehen (4) Entsprechende Tierkreiszeichen	Die GRADE, die der Mond an einem Tag durchläuft	
	Eintritt	Austritt
17. Tag des Mondzyklus (1) Alchil (2) Alzananath. Krone des Skorpions (3) Krallen des Skorpions (4) Skorpion	26 17	8 36
18. Tag des Mondzyklus (1) Altob. Alchas (2) Die Krone Ekallt (3) Herz des Skorpions (4) Skorpion	8 36	21 25
19. Tag des Mondzyklus (1) Allatha. Achale (2) Der Schwanz. Alkolle. Hycula. Ascala (3) Schwanz des Skorpions (4) Skorpion	21 25	4 27
20. Tag des Mondzyklus (1) Aberahya (2) Die Heilige. Alschaulet. Astrocion. Standort der Verschiebung des Hundssterns. Träger (3) Brust des Schützen (4) Schütze	4 27	17 8

(1) Intelligenzen, die über die Häuser herrschen (2) Einflüsse der Häuser nach verschiedenen Quellen (3) Talismane mit den gleichen Eigenschaften wie die Einflüsse der Häuser	Kabbalistischer Buchstabe, der mit den Häusern korrespondiert ——— Symbolische Figur, deren Geburtstag mit dem jeweiligen Haus korrespondiert
(1) Adriel Papaigl (2) Diebstahl, Räuberei. Unheilvolle Unternehmungen. Wirkungslose Heilmittel. Träume, die sich drei Tage später erfüllen. Glückliche Kinder. Günstigeres Schicksal. Dauerhafte Liebe. Errichtung von Gebäuden. Günstig für die Seefahrt (3) Eisen. Ein Affe. Affenhaare	פ Untergang von Sodom und Gomorrha
(1) Egibiel Mesraiel (2) Gebrechen. Gefährliche Krankheiten. Träume, die sich erfüllen. Arbeitsame und wohlhabende Kinder. Fieber. Leibschmerzen. Zwietracht, Verschwörung. Meuterei. Rache. Auslieferung von Gefangenen (3) Bronze. Schlange, die ihren Schwanz um den Kopf gerollt hat. Hirschgeweih. Dieser Talisman vertreibt Schlangen und andere giftige Tiere	צ Isaak
(1) Amutiel Kephaiel (2) Wiedererlangung der Gesundheit. Niederkunft. Gut für das Alleinsein. Ungefährliche Krankheiten. Träume, die sich erfüllen. Wohlerzogene Kinder. Belagerung und Einnahme von Städten. Verbannung. Untergang von Seefahrern. Verlust von Gefangenen (3) Bronze. Frau, die sich ihr Gesicht mit den Händen zuhält. Flüssiges Storax-Harz	ק Pharao
(1) Kiriel Rezaiel (2) Die Jagd. Günstig für Unternehmungen. Langwierige Krankheiten. Träume, die sich erfüllen. Bösartige Kinder. Vernichtung von wilden Tieren. Vergiftung. Reichtum aus zerstörten Altertümern. Mann, der an einem solchen Ort wohnen muß (3) Zinn. Zentaur-Schütze. Fuchskopf.	ר Jonas

(1) Mondhäuser (Tagesabschnitte der Mondbahn auf der Ekliptik) (2) andere Bezeichnungen für diese Häuser (3) Sternbilder, aus denen die Häuser bestehen (4) Entsprechende Tierkreiszeichen	Die GRADE, die der Mond an einem Tag durchläuft	
	Eintritt	Austritt
21. Tag des Mondzyklus (1) Albeldach. Abeder (2) Standort der Gunst und der Zustimmung. Elmain, der eine reiche Ernte bewirkt. Wüste (3) Bauch des Schützen (4) Schütze	17 8	30 0
22. Tag des Mondzyklus (1) Zodcholuch (2) Stadt. Elbehleh. Sadabacha. Zandeldera. Hirte (3) Kopf des Steinbocks (4) Steinbock	30 0	12 51
23. Tag des Mondzyklus (1) Zobrach (2) Arm des Opfers. Saad Eldahabb. Verschlingend (3) Bauch des Steinbocks (4) Steinbock	12 51	25 42
24. Tag des Mondzyklus (1) Sadabach (2) Erhobener Arm. Saul Elbecha. Chadezouath. Glücksgestirn (3) Schwanz des Steinbocks (4) Steinbock	25 42	8 24

(1) Intelligenzen, die über die Häuser herrschen (2) Einflüsse der Häuser nach verschiedenen Quellen (3) Talismane mit den gleichen Eigenschaften wie die Einflüsse der Häuser	Kabbalistischer Buchstabe, der mit den Häusern korrespondiert ——— Symbolische Figur, deren Geburtstag mit dem jeweiligen Haus korrespondiert
(1) Bethuzel Setaziel (2) Unheil. Günstig für die Entdeckung von Dieben, um sich zu vergnügen, um Vorräte anzulegen. Gefährliche Krankheiten. Nichtige Träume. Arbeitsame Kinder. Gut für die Ernte, die Reise, die Errichtung von Gebäuden, Geldangelegenheiten und Scheidung (3) Männliche Darstellung mit doppeltem Gesicht, die man mit den Haaren der Person, die man beeinflussen will, in einer Kupferdose verschließt. Schwefel, Bernstein	ש Saul
(1) Galiel Tetaiel (2) Flucht. Verbannung. Keine Unternehmungen. Gefährliche Krankheiten. Träume, die sich erfüllen. Gute und redliche Kinder. Flucht von Sklaven und Gefangenen. Heilung von Krankheiten. (3) Eisen. Mann mit geflügelten Füßen, den Kopf mit einem Helm bedeckt. Quecksilber	ת Jakob
(1) Requiel Tetzaiel (2) Plünderung und Zerstörung. Günstig, um Ruhm zu gewinnen. Langwierige und nicht tödliche Krankheiten. Trügerische Träume. Häßliche und ungestaltete Kinder. Gut für Scheidung, die Befreiung von Gefangenen und die Heilung von Krankheiten (3) Eisen. Katze mit Hundekopf. Hundehaare	א Benjamin
(1) Abremaiel. Chachaiel (2) Fruchtbarkeit der Herden. Langwierige, aber nicht tödliche Krankheiten. Nichtige Träume. Gute und redliche Kinder. Wohlwollen der Eltern. Sieg von Soldaten. Schädlich für chemische Operationen (3) Widder-, Stier- oder Ziegenbockshorn, in das mit einem heißen Eisen das Bild einer Frau eingeprägt wird, die ihr Kind säugt. Dieses Horn muß dem Leithammel um den Hals gehängt werden.	ת Japhet

(1) Mondhäuser (Tagesabschnitte der Mondbahn auf der Ekliptik) (2) andere Bezeichnungen für diese Häuser (3) Sternbilder, aus denen die Häuser bestehen (4) Entsprechende Tierkreiszeichen	Die GRADE, die der Mond an einem Tag durchläuft	
	Eintritt	Austritt
25. Tag des Mondzyklus (1) Sadalachia. Sadalabas (2) Seligkeit der Seligkeiten. Arm der Arme. Saul. Immanuel. Mund des Fisches. Pham Elibhrat. Pavillon. Ausdehnung (3) Außgießen von Wasser (4) Wassermann	8 24	21 25
26. Tag des Mondzyklus (1) Alphary (2) Versteckter Arm. Saul Elachbich. Phtagal Mocaden. Erstes Senkloch (3) Wassermann (4) Wassermann	21 25	4 17
27. Tag des Mondzyklus (1) Alchatya. Achalyamond (2) Standort des ersten Keimens. Alpaza Elmakadam. Phtagal Mocaden. Zweites Senkloch (3) Fische (4) Fische	4 17	17 8
28. Tag des Mondzyklus (1) Albotham (2) Standort des späteren Keimens. Elphara. Elmuchar. Alchalh. Die Fische (3) Leinenfaden (4) Fische	17 8	30 3

(1) Intelligenzen, die über die Häuser herrschen (2) Einflüsse der Häuser nach verschiedenen Quellen (3) Talismane mit den gleichen Eigenschaften wie die Einflüsse der Häuser	Kabbalistischer Buchstabe, der mit den Häusern korrespondiert ——— Symbolische Figur, deren Geburtstag mit dem jeweiligen Haus korrespondiert
(1) Aziel Dedaliel (2) Überfluß an Gütern der Erde. Gefährliche Krankheiten. Kinder, die unglücklich zur Welt komen. Rachsucht. Belagerung. Untergang von Feinden. Scheidung. Gefangennahme. Bauwerke. Zorn auslösende Nachrichten. Verhexung gegen den Geschlechtsverkehr (3) Feigenholz. Darstellung eines sprechenden Mannes. Die Blüte des Feigenbaumes	ם Die sieben Plagen Ägyptens
(1) Tayriel Staxaiel (2) Sinnenlust. Unglücklicher Tag. Tödliche Krankheiten. Wahre Träume. Kinder, die einigermaßen glücklich sind. Eintracht von Menschen. Befreiung von Gefangenen. Gut zum Bauen (3) Weißes Wachs und Mastix. Frau, die sich ihre Haare kämmt. Süße Parfüme	ל Durchquerung des Roten Meeres. Tod von Saul. Tod von Jonathan
(1) Alheniel Tazaiel (2) Trockenheit. Günstig für Unternehmungen. Wechselnde Krankheiten. Zweifelhafte Träume. Liebenswerte Kinder. Gut für Ernte und Handel. Läßt Gebrechen entstehen. Gefangennahme. Gefahren für Seereisen. Förderlich für Verhexung (3) Rote Erde. Geflügelter Mann, der ein leeres durchbohrtes Gefäß hält. Wenn die Erde gebrannt ist, gibt man in das Gefäß flüssiges Storax-Harz und Asafötida. Wird dieser Talisman in einen Brunnen getaucht, so trocknet er diesen aus	ח
(1) Ammixiel Hertraziel (2) Überschwemmung. Gut für Unternehmungen. Leichte Krankheiten. Träge Kinder. Gut für die Ernte, den Handel, die Sicherheit auf Reisen, die Eintracht von Ehegatten. Gefangennahme. Verlorene Schätze (3) Bronze. Fisch. Schuppen von Meeresfischen. Wird dieser Talisman in einen Teich geworfen, so wird er die Zahl der Fische darin reichlich vermehren	ם

Dritter Teil

Wie sich das verschwundene Glück zurückholen läßt

Wenn die grundlegenden Erkenntnisse aus der Physiognomik und Astrologie ausgereicht haben, um die Art des Glücks für einen jeden von uns zu bestimmen, und wenn die ebenso grundlegenden Angaben zur Magie es uns ermöglichten, die Kunst der Talismane zu skizzieren, die das Glück an uns binden, dann steht es außer Frage, daß dies auch für die Anweisungen im vorliegenden Kapitel zutreffen wird, das mehr zu überdenken als einfach nur zu lesen ist.

Das Glück verläßt einen Menschen vor allem aus spirituellen und moralischen Gründen, und man muß die höchsten Lehren der Geheimwissenschaft heranziehen, um das verschwundene Glück wieder herbeizuholen. Das heißt, daß man hierbei eine Lösung vom göttlichen Plan erbitten muß.

Die bewaffneten Wachen an den Palasttoren verhindern es ebensowenig wie die Geldsäcke der Rentiers, daß Krankheit oder Unglück über ein Individuum oder eine ganze Familie hereinbricht. Häufig aber werden die Ursachen für solche Prüfungen in weiter Ferne gesucht, die doch in Wirklichkeit nur durch unser eigenes Verschulden entstehen. Schauen wir uns hierfür nach einigen typischen Beispielen um.

Der Mensch ist auf der Erde, um für seine künftige Evolution bestimmte geistige Fähigkeiten zu entwickeln. Solange diese Fähigkeiten durch unablässige Anstrengung in einem guten Funktionszustand gehalten werden, bleibt auch der Wille stark genug, um jene noch wenig erforschten Kräfte festzuhalten und zu bewahren, deren übereinstimmende Aktivität jene Neigung zum Glück erzeugt, die der Wille danach festhalten und bewahren wird. Dieser allein ist jedoch wirkungslos, wenn er nicht durch Güte und wirkliche Nächstenliebe erhellt wird, die noch mehr ihr Herz als ihr Geld gibt.

Wenn das Glück aus dem Leben eines Menschen oder einer Familie verschwunden ist und man sich bemüht, es wieder zurückzuholen, dann ist zuallererst eines der folgenden Probleme zu lösen:

Gibt es Personen, die man ablehnt oder unter dem Vorwand beneidet, daß sie unverschämtes Glück haben, wie man es selbst nicht hat?

Hat man Feinde, denen man täglich Schlechtes wünscht?

Hat man die Angewohnheit, sich in das Leben anderer einzumischen und alle ihre Handlungen zu analysieren und zu kritisieren, sei es im Kreis der Familie oder in der Öffentlichkeit?

Hält man sich durch irgendeine Eigenschaft, entweder durch Güte oder durch Moral, der betreffenden Person, die man insgeheim beneidet, für überlegen?

Durch die Beantwortung dieser Fragen ist es möglich, die Ursache für den Verlust des Glücks zu finden und es wiederkehren zu lassen.

Ich verstehe nicht, meine liebe Freundin, das Glück von jener Frau M. . . ., die keine Vorsorge trifft und alles, was sie für ihr Alter auf die Seite legen könnte, einer Menge von armen Leuten gibt, die sie besucht, anstatt, wie wir, mit glücklichen und sparsamen Menschen zu verkehren.

Wir sind viel zu klug und wissen nur allzugut, wie teuer das Leben ist, um die Trägheit jener Menschen zu unterstützen, die jedes Jahr Kinder kriegen und eines Tages verhungern werden. Wir geben anderen nichts von unserem Überfluß und legen diesen immer nur zu hohen Zinsen an.

Dann aber können wir nicht verstehen, wie es möglich ist, daß wir durch finanzielle Katastrophen unsere Ersparnisse verlieren und kein Glück mehr haben, während jene Frau M. . . ., die keinen Pfennig auf die Seite legt und alles weggibt, was sie übrig hat, eine unvorstellbare Glückssträhne erlebt.

Um das Glück in eine Familie zurückkehren zu lassen, die solche Überlegungen anstellt, muß man diesen Egoisten unmißverständlich aufzeigen, daß die Menschheit ein Ganzes bildet und die unverdienten Leiden des Armen durch geheimnisvolle Beziehungen auf den Reichen zurückwirken und ihm für lange Zeit das Glück und den Seelenfrieden rauben.

Das Geheimnis des Glücks: die Nutzung der Gegenwart

In dem Wissen, wie die Gegenwart unter ihren besten Aspekten zu betrachten ist, liegt eines der großen Geheimnisse für die Bewahrung des Glücks. Der Gefangene, der in seiner Zelle ausruft: »Welch ein Glück, ich habe frisches Stroh!« ist nahe daran, das Geheimnis des Glücks gefunden zu haben.

Viele Menschen verderben sich ihr tatsächliches Glück dadurch, daß sie es sich durch die Erinnerung an die Vergangenheit vergällen. Die Vergangenheit gehört dem Tod, dem unerbittlichen Schicksal an, während die Gegenwart uns gehört und die Zukunft nach den Gesetzen der Vorsehung verläuft, die von unserer Willenskraft beeinflußt wird.

Wenn man jedoch immer wieder sagt: »Oh! Wenn ich dieses oder jenes gemacht hätte. Wenn ich in jenem Augenblick anders gehandelt hätte, dann wäre ich jetzt nicht hier« und andere vergleichbare Sätze, tötet man damit die schöpferische Gegenwart ab, die sich in nutzlosen Nörgeleien erschöpft, und weist diese Gegenwart in die trostlose Vergangenheit zurück.

Man darf diese schlimme Vergangenheit nicht bedauern, sondern muß sie im Gegenteil vergessen. Man muß sich ausschließlich damit beschäftigen, in der Gegenwart zu handeln, anstatt ein unsinniges Bedauern zum Ausdruck zu bringen, und jede entschlossene und seelisch kraftvolle Handlung leistet die Gewähr, das Glück an sich zu binden, das bislang wechselhaft und unsicher war.

Da ist eine Frau von Welt, klug, schön, vermögend, und das Glück scheint sie bei all ihren Unternehmungen zu begleiten. Dann, ganz unvermittelt, ist der goldene Traum zerstoben. Das Unglück nistet sich in dem Haus ein, das früher einmal so glücklich war, und auf die Fehlschläge folgt die Desillusionierung.

Wer ist der mysteriöse Urheber dieser Umwälzung? – Niemand anders als die Frau selbst.

Sie hat ihre Zeit damit verbracht, über all ihre Bekannten schlecht zu reden, und ein bißchen sogar über ihre besten Freunde.

Das Böse sät sich aus und treibt seine Wurzeln, seine Stengel und seine Früchte wie eine Pflanze der Erde.

Weil sie von dieser Wahrheit keine Ahnung haben, zerstören so viele Menschen ihr Glück. Man hält sich für geistreich, die Freundinnen rühmen die feinsinnigen und schlagfertigen Erwiderungen, die behutsam giftigen Ansichten über abwesende Personen, in deren Gegenwart nur Komplimente und Lobsprüche geäußert werden.

Jeder Geistesblitz aber, jede üble Nachrede, die in Abwesenheit oder hinter dem Rücken des Verleumdeten ausgesprochen wird, sind wirkliche Gifte für das Glück, und stets erntet man zu gegebener Zeit die Anzüglichkeiten und Verleumdungen, die man auf dem Weg von anderen ausgesät hat.

Wenn Sie das Glück bewahren wollen, so reden Sie niemals schlecht über Abwesende.

Wenn Sie Ihre Chancen in unverhoffter Weise vergrößern wollen, dann dulden Sie nicht, daß ein Dritter eine abwesende Person schmäht, während Sie selbst bei der Unterredung zugegen sind.

Behalten Sie den geistreichen Lästermäulern, um Sie von

Ihren Schmerzen zu heilen, in ihrer Gegenwart einige spitzfindige Bemerkungen über sich durch andere, ebenso geistreiche, Lästerzungen vor.

Dulden Sie als Hausherrin, als wirkliche Frau von Welt, keine üble Nachrede in Ihrem Salon. — Wechseln Sie brüsk das Gesprächsthema, wenn eine Ihrer Bekannten auf dieses Kapitel zu sprechen kommt. Ihre Freundinnen werden es Ihnen danken und mit freudigem Erstaunen feststellen, daß sie immer Glück haben, wenn sie von Ihnen fortgehen. Auf diese Weise wird sich Ihr persönliches Glück festigen und Tag für Tag anwachsen.

Hier folgt noch einmal eine Zusammenfassung, wie sich das verschwundene Glück zurückholen läßt:

Tun Sie das, was Mühe kostet, vor dem, was Vergnügen bereitet.

Leben Sie in der Gegenwart und zweifeln Sie nicht am Beistand des Himmels für die Zukunft.

Urteilen Sie nicht über andere und reden Sie nicht schlecht von Abwesenden.

Halten Sie sich nicht für besser als andere. Oft hat einzig und allein die Gelegenheit gefehlt, daß wir es wie jene machen.

Verhindern Sie soweit wie möglich, daß man in Ihrem Beisein Schlechtes über eine abwesende Person sagt.

Lassen Sie diejenigen, die es nötig haben, an Ihrer moralischen Hilfe, Ihrer Zeit und Ihrem Überfluß teilhaben, ohne zu erwarten, etwas dafür zurückzubekommen.

Vergeben Sie Ihren Feinden und gehen Sie niemals als erster gerichtlich gegen sie vor, auch wenn Sie glauben, im Recht zu sein.

Ein Sprichwort sagt, daß die Gelegenheit beim Schopf ergriffen werden muß. Wer dies versäumt, kann lange Zeit an seinem Glück vorbeigehen.

Diese alte Redensart ist zutreffend. Was uns auf dieser Erde beschäftigt, ist weitaus mehr unsere körperliche als unsere sittlich-moralische Gesundheit. Wir streben begierig nach materiellem Reichtum, der uns auf keinen anderen Plan folgen wird, und wir vernachlässigen die Mittel, uns geistig-spirituellen Reichtum zu erwerben, der allein auf allen Existenzplänen lebendig ist.

Damit wir dieses spirituelle Glück erlangen können, müssen wir zuerst wissen, welche Kräfte uns antreiben und in welcher Richtung dieser Anstoß verläuft.

Die grundlegenden Angaben über die Astrologie reichen aus, um jene wesentlichen Bedingungen aller äußeren Einflüsse zu bestimmen, die auf den Menschen einwirken. Durch das erste Kapitel dieses Buches wird es praktisch ermöglicht, den Wochentag der Geburt und die durch ihn bestimmten Einflüsse festzulegen, dann den Monat und das entsprechende Tierkreiszeichen. Wenn die Zeichen Ihnen günstig sind, dann lassen Sie das Wasser des Glücks fließen und stören Sie nicht Ihr Schicksal. Seien Sie nicht betrübt, wenn die Zeichen gegen Sie gerichtet sind. Sie haben die Möglichkeit, diese zu korrigieren.

Lernen Sie dann, mit Talismanen umzugehen. Halten Sie positive Einflüsse um sich herum fest. Studieren Sie die Handlinien derjenigen Menschen, die Ihnen nahestehen. Verändern Sie Ihre Handschrift, um auf Ihren schlechten Charakter einzuwirken, und das Glück wird sich nach Ihren Wünschen stabilisieren.

Doch die Talismane reichen nicht aus, wenn Sie nicht auch die geistigen Kräfte in sich selbst verstärken. Dafür gibt es ein durchgreifendes Mittel: die Ausübung der körperlichen, moralischen oder geistigen Nächstenliebe sowie zusätzliche Mittel, wie die Vergebung von Kränkungen, die Unterlassung von Haßgefühlen und das Gebet. Es gibt keine Macht auf Erden und den mit ihr verbundenen Existenzplänen, die unempfindlich gegen die Wirkungsweise von geistigen Kräften ist. Es gibt kein Schicksal, das nicht auf dem göttlichen Plan verändert werden könnte.

Doch lassen wir nun diese tiefschürfenden Gedanken beiseite.

Liebe lesenden Freunde und Leserinnen, denken Sie nur an das Glück im gegenwärtigen Leben. Erforschen Sie die Geheimnisse der Liebestalismane. Der Magier wird manchmal zum Gaukler, um die Liebenden und die Schwachen zu unterweisen. Suchen Sie Ihre Glückszahl, und gebe Gott, daß sie Ihnen hold ist und zu langen, angenehmen Jahren auf Erden verhilft. Das wünsche ich Ihnen von ganzem Herzen.

FINIS

Weitere Themen in dieser kleinen Reihe der Geheimnisse

Paula Delsol
Arabisches Horoskop
Das astrologische Spiel zwischen Vorherbestimmung und Willensfreiheit

160 S., brosch. DM 18,-
ISBN 3-925828-12-5

Dieses traditionelle orientalische Horoskop, im Westen bisher noch völlig unbekannt, hat die Autorin aus mündlichen Quellen in Sizilien zusammengetragen. Da die Zeichen dieses Tierkreises in einer kriegerischen Epoche entstanden sind, werden sie durch – Waffen versinnbildlicht. Jede von ihnen korrespondiert mit einem bestimmten Persönlichkeitstyp und der ihm entsprechenden Lebenseinstellung. Dieser »Tierkreis der Waffen« bezieht außer Geburtszeit und -ort auch das soziale Milieu mit ein und gesteht dem Individuum eine größere Willensfreiheit als andere astrologische Systeme zu.

Ein amüsantes Gesellschaftsspiel, das jedem nicht nur überraschende Einsichten in sich selbst vermitteln wird, sondern auch die Umwelt besser verstehen läßt, so daß man weiß, vor welcher Waffe man sich besser hüten sollte und mit welcher ein Kämpfchen gut durchzufechten ist.

Georges Muchery

Die persönliche Magie des Parfüms

Die Anwendung individueller Duftessenzen nach astrologischen Einflüssen

216 S., brosch. DM 24.80

ISBN 3-925828-11-7

Jeder Duft entspricht einem bestimmten Persönlichkeitstyp. Dieses klassische Grundlagenwerk, in dem sich die Geheimnisse der französischen Parfümkunst mit einem großen Wissen von der Astrologie verbinden, kann jeden dabei anleiten, das für sein Sternzeichen und Temperament passende Parfüm zu finden und damit seine positive Ausstrahlung zu verstärken.

Für den Laien ebenso geeignet wie für Astrologen und Aromatherapeuten.

In gleicher Aufmachung erscheint:

Die persönliche Magie der Pflanzen

Gesundheit und Schönheit durch Blüten und Heilkräuter

Auf der Grundlage der Okkulten Botanik nach Sédir herausgegeben von Belledame

120 S. mit vielen Abb.
brosch. DM 16,-

ISBN 3-925828-15-X

Agatha Laroche

Die persönliche Magie der Schmucksteine

Ihre wohltuenden und heilenden Wirkungen auf den Menschen

120 S., brosch. DM 14.80
ISBN 3-925828-14-1

Das geheime Leben der Steine, sicherlich einer der interessantesten Aspekte des Mineralreiches, wird hier nach vielfach noch unbekannten Quellen der reichen französischen Tradition erforscht.

Anhand der Symbolik der wichtigsten Schmucksteine, übersichtlich geordnet von **A**chat bis **Z**irkon, befaßt sich dieses Buch mit ihren positiven Einflüssen als persönlicher Talisman für den Menschen. Dazu gehören auch die Steintherapie und andere feinstoffliche Anwendungsgebiete sowie die Verbindung zur Astrologie und zur Alchymie, die als der »Mineralweg« gedeutet wird.